verrückt nach Pasta

verrückt nach Pasta

Ursula Ferrigno · Fotos von Peter Cassidy

115 Rezepte

amazon.de

Für Richard, meinen Fels in der Brandung. Für alles, was du für mich tust.
Ich liebe deine Kochkunst.

Aus dem Englischen übersetzt von Susanne Vogel
Redaktion: Michaela Röhrl, Germering
Korrektur: Christoph Taschner
Umschlaggestaltung: Horst Bätz
Satz: Reiner Löb, Germering

Die Originalausgabe mit dem Titel *Truly Madly Pasta* wurde erstmals 2003 im Verlag Quadrille Publishing Limited, London, veröffentlicht.

Druck und Bindung in China

ISBN 3-88472-809-1
Sonderausgabe für Amazon.de GmbH

1 le fondamenta

Basics

Ein Mittag- oder Abendessen ohne Pasta ist in Italien kaum denkbar. Aber auch im Rest der Welt erfreut sie sich einer unglaublichen Popularität – und das nicht zuletzt deshalb, weil sie preiswert, schnell zubereitet, sehr nahrhaft und dabei äußerst vielseitig ist. Italienische Delikatessengeschäfte und selbst Supermärkte locken inzwischen mit getrockneter und frischer Pasta in den verschiedensten Sorten, die sich mit allen möglichen köstlichen Saucen kombinieren lassen.

Nudeln haben in Italien eine lange Geschichte, und Höhlenmalereien im norditalienischen Imperia geben der These Nahrung, dass sie keineswegs – wie gerne behauptet – von Marco Polo aus China nach Italien gebracht, sondern damals hier schon längst gegessen wurden. Heute ist Pasta ein fester Bestandteil des italienischen Lebens – gewissermaßen ein tägliches Ritual, das selbst am Weihnachtstag nicht entfällt, wenn sie nach dem Antipasto als *primo piatto*, zum ersten Gang also, ihren Auftritt hat. Auch sonst spielt sie nie die Solorolle, sondern geht stets einem Hauptgang voraus.

Einst war Pasta vornehmlich in Süditalien zu Hause, während man im Norden des Landes Reis und Polenta favorisierte. Heute aber ist die gesamte Nation in ihrer Vorliebe für Pasta vereint, die quasi eine Art Lebensgefühl verkörpert. Hatten sich in der Renaissance nur die Wohlhabenden an Pasta – zumeist in Form von Lasagne, Ravioli und Tortellini – erfreut, war diese im 19. Jahrhundert vor allem in Neapel das Armeleuteessen schlechthin. Im 20. Jahrhundert wäre sie dann beinahe vom Speiseplan der italienischen Soldaten verbannt worden, weil Mussolini meinte, Pasta mache träge.

Dabei liefern Nudeln dem Organismus komplexe Kohlenhydrate bei wenig Fett. Darüber hinaus enthalten manche Sorten und speziell Eierteigwaren bis zu 13 Prozent Eiweiß sowie wertvolle Vitamine und Mineralstoffe. Dass Nudeln dick machen, ist also schlicht ein Märchen und gilt höchstens für manche Saucen.

Wenn ich oft nicht weiß, was der neue Tag bringt, steht eines für mich fest: Es wird Nudeln geben. Schon mein Großvater sagte immer: „Ein Tag ohne Pasta ist ein ungelebter Tag."

Die Pastasorten

Getrocknete Nudeln *(pasta secca)* schmecken am besten, wenn sie, wie das italienische Original, aus Hartweizengrieß *(semola di grano duro)* bestehen. Es gibt auch getrocknete Eiernudeln *(pasta all'uovo secca)*. Frische Eierteigwaren, auf Italienisch *pasta fresca all'uovo*, sind, wenn man sie in Plastik eingeschweißt kauft, oft schwammig und fad. Besser ist man da in italienischen Lebensmittelläden bedient, die frische Pasta aus eigener Herstellung anbieten. Aber den höchsten Genuss garantiert natürlich selbst gemachte Pasta. Viele Rezepte in diesem Buch verwenden gängige Pastasorten wie Spaghetti, Tagliatelle oder Lasagne, die auch in italienischen Familien am häufigsten auf den Tisch kommen. So kann es gar nicht erst passieren, dass sich im Vorratsschrank lauter angebrochene Packungen ansammeln, die alle nicht zueinander passen.

Das richtige Mehl

Ideal ist ein kräftiges Mehl mit einem hohen Anteil an Gluten (Klebereiweiß), das der Pasta die richtige Textur verleiht, aber gleichzeitig sehr fein gemahlen ist und sich entsprechend seidig weich anfühlt. Ich empfehle das italienische Tipo 00. Es ist in guten Delikatessen- und italienischen Feinkostläden erhältlich. Ganz normales Mehl tut es auch, ergibt jedoch weichere Nudeln.

Grundrezept für frischen Nudelteig mit Ei

Der fertige Teig reicht für zwölf Portionen (eine größere Menge lässt sich einfacher bearbeiten). Was Sie nicht gleich benötigen, können Sie einige Tage im Kühlschrank aufbewahren oder einfrieren.

Ergibt etwa 1 kg

350 g Weizenmehl (möglichst das italienische Tipo 00, siehe oben)
350 g Hartweizengrieß (möglichst fein)
1 TL Meersalz
7 mittelgroße Eier (möglichst aus Freilandhaltung)
2 EL Olivenöl

1 Mehl, Hartweizengrieß und Salz auf der Arbeitsfläche vermengen. Die Mischung zu einem Hügel formen und in die Mitte eine Mulde drücken.

2 Eier und Öl in die Mulde geben und langsam mit einer Gabel verrühren. Allmählich das umgebende Mehl untermischen, von dem Sie mit der anderen Hand immer wieder etwas in die Mitte schieben, bis schließlich ein zähflüssiger Teig entsteht. Das restliche Mehl wird zuletzt mit den Händen untergeknetet, so dass sich ein zusammenhängender Teig ergibt. Falls er zu trocken ist, etwas mehr Öl oder Wasser zufügen; ist er zu feucht, braucht er noch etwas Mehl.

3 Weiter kneten, bis der anfangs noch weiche, klebrige Teig glatt und geschmeidig ist – eine hineingedrückte Delle sollte sich von selbst wieder glätten. Vor dem Ausrollen in Klarsichtfolie wickeln und 30 Minuten kühlen.

ATLAS

Nudelteig mit der Maschine und von Hand ausrollen

Den gekühlten Teig nach Ablauf der Ruhezeit mit dem Nudelholz zu einem länglichen, nicht zu dicken Oval ausrollen – es sollte die Nudelmaschine in der Breite möglichst genau ausfüllen. Die Walzen der Maschine auf den größten Abstand einstellen und das Teigstück mehrmals durchdrehen.

Diesen Arbeitsschritt wiederholen Sie einige Male, wobei Sie den Walzenabstand jeweils um eine Stufe verringern, bis die vorletzte Stufe erreicht ist. (Die Minimaleinstellung verwende ich grundsätzlich nicht, da das Teigblatt damit so hauchdünn gerät, dass es sich kaum noch handhaben lässt, ohne zu zerreißen.) Der Teig ist dünn genug, wenn sich, wie auf nebenstehender Abbildung in der Mitte zu sehen, die einzelnen Finger darunter abzeichnen. Nun kann der Teig nach Belieben geschnitten und eventuell anschließend geformt werden.

Wollen Sie Ravioli oder Lasagne zubereiten, schneiden Sie das Teigblatt einfach in entsprechend große Stücke. Für lange, schmale Pastaformen setzen Sie dagegen die entsprechende Schneidewalze in die Maschine ein und lassen den Teigstreifen nochmals durch die Nudelmaschine laufen. Damit die fertigen Nudeln nicht zusammenkleben, lässt man sie noch 5-7 Minuten locker ausgebreitet trocknen und wickelt sie schließlich zu einzelnen Nestern (siehe Abbildungen linke Seite). Bevor sie gekocht werden, sollten sie nochmals kurz trocknen.

Sollten Sie im Übrigen keine Nudelmaschine besitzen, müssen Sie dennoch nicht auf selbst gemachte, frische Pasta verzichten. Es ist zwar etwas mühsamer, den Teig von Hand auszurollen, aber das Ergebnis schmeckt genauso gut.

Rollen Sie den Teigkloß nach der Ruhephase auf einer bemehlten Arbeitsfläche mit dem Nudelholz so dünn wie möglich aus. Eventuell müssen Sie mit den Fingern noch die Ränder nachziehen. Mit einem Teigrädchen oder speziellen Pastaausstechern bestimmen Sie dann die Form, die Sie für Ihr Pastagericht gerade benötigen. Auf Küchentüchern die frischen Nudeln ein paar Minuten trocknen lassen. Fertig!

Pasta nero **Schwarze Nudeln**

Geben Sie zusammen mit den Eiern und dem Öl vier Gramm Sepia-Tinte zum Mehl. Diese Tinte bekommt man in kleinen Beuteln in Feinkostgeschäften, sie kann aber auch frisch aus dem Tintenfisch verwendet werden.

Pasta verde **Grüne Nudeln**

Ersetzen Sie zwei Eier durch 500 Gramm Spinat. Diesen in einem verschlossenen Topf einige Minuten dünsten, bis er zusammenfällt – das nach dem Waschen an den Blättern haftende Wasser reicht dafür aus –, leicht abkühlen lassen, zwischen zwei gleichen Tellern kräftig ausdrücken und sehr fein hacken.

Pasta und Sauce, richtig kombiniert

Wie gut Pasta und Sauce zusammenpassen, hängt ganz davon ab, welche der vielen möglichen Formen die eine und welche Beschaffenheit die andere aufweist. Hohle oder gebogene Nudeln, so eine Faustregel, vertragen gut dicke, deftige Saucen, Bandnudeln dagegen solche, die mit Sahne oder Butter gebunden sind. Dünne, lange Formen passen zu öligen, eher flüssigen Saucen, während kompliziertere Pastagebilde mit ihren Löchern, Rillen und Mulden den perfekten Haftgrund für dickere Mischungen abgeben. Mit fast ebensolcher Regelmäßigkeit, wie die Modedesigner auf den Mailänder Laufstegen ihre neuesten Stoffträume präsentieren, kreiert die Pastaindustrie neue Formen, die der Sauce noch besser entgegenkommen sollen.

Mit dünnen Spaghettini oder Tagliolini sind schwere Saucen, die größere Fleischstücke enthalten, allein deshalb unvereinbar, weil diese Stücke schlicht abrutschen würden. Daher werden solche Saucen fast immer entweder mit breiten Nudeln wie Pappardelle, Makkaroni und Tagliatelle serviert, alternativ auch mit kurzen Röhrenformen wie Penne und Rigatoni oder eventuell mit den spiralförmigen Fusilli sowie Conchiglie, den wie Muschelschalen gewölbten Nudeln.

In den südlichen Regionen der Stiefelrepublik wird kaum Butter, sondern vornehmlich Olivenöl zum Kochen verwendet. Das betrifft gewöhnlich auch die Saucen, die meist mit Nudeln aus Hartweizengrieß *(pasta di semola di grano duro)*, wie Spaghetti und Vermicelli, kombiniert werden. Seit jeher gelten diese langen, dünnen Formen als traditionelle Begleiter zu Saucen auf der Grundlage von Tomaten, Fisch oder Meeresfrüchten, die ja in der Regel mit Olivenöl zubereitet werden, sowie zu leichten Gemüsesaucen. Außerdem gelten Spaghetti und Vermicelli als ideale Nudeln für so minimalistische Genüsse wie das in Rom sehr populäre Aglio e Olio (siehe Seite 34). Geriebener Käse kommt dabei normalerweise weder hinein noch zum Schluss obendrauf.

Im Norden des Landes werden Saucen dagegen mit Butter und Sahne abgerundet, die von den ebenfalls hier typischen Eiernudeln bereitwillig aufgenommen werden, so dass Pasta und Sauce eine innige Verbindung eingehen. Butter und Sahne machen sich übrigens auch gut in Tomatensaucen, wenn diese mit kurzen Pastaformen, wie Penne, Rigatoni, Farfalle oder Fusilli, kombiniert werden.

Pasta nach allen Regeln der Kunst kochen

Die Pasta in lebhaft kochendes Wasser geben, das möglichst rasch wieder aufwallen und anschließend kontinuierlich träge sprudeln sollte. Getrocknete Nudeln brauchen viel Platz, da sie während des Kochens Wasser aufnehmen und quellen. Also sollte der Topf groß bemessen sein. Salz kommt erst hinzu, nachdem das Wasser kocht, sonst lagert es sich am Topfrand an und steht nicht mehr als Würze für die Nudeln zur Verfügung.

Getrocknete Pasta, bei der Hartweizengrieß die Hauptzutat stellt, wird abgeseiht, sobald sie *al dente* ist. Dieser Begriff (wörtlich „für den Zahn" und etwas freier übersetzt „zahngerecht") bedeutet, dass die Nudeln zwar gar, aber noch kernig - also kurzum bissfest - sind. Dass ich bei den nachfolgenden Rezepten diese Erläuterung wiederhole, ist vollauf beabsichtigt. Denn ich habe mitbekommen, wie mein geschätzter Autorenkollege Antonio Carluccio bei einer Fernsehsendung in die Kritik geriet, als einige der anwesenden Zuschauer Rezepte aus einem seiner Bücher über die italienische Küche nachkochen sollten. Obwohl er in der Einleitung den Begriff *al dente* genau erklärt hatte, beschwerten sich die neu ernannten „Fernsehköche", sie wüssten nichts Rechtes mit dem Ausdruck anzufangen, da sie kein Italienisch sprechen würden.

Frische Pasta kann, da sie aus Weichweizen hergestellt ist, nach dem Kochen niemals so kernig sein wie die getrockneten Sorten, sollte aber trotzdem einen gewissen Biss haben. Übergarte Nudeln, gleich welcher Art, schmecken matschig und einfach unerfreulich. Bei Italienern kämen sie so nicht auf den Tisch. Verglichen mit getrockneter ist frische Pasta sehr viel schneller gar. Je nach Form und Größe braucht sie 4-5 Minuten, wobei z.B. Lasagneblätter vielleicht etwas länger kochen müssen, hausgemachte Tagliatelle hingegen unter Umständen schon nach 30 Sekunden fertig sind.

Gefüllte Pasta erfordert eine vorsichtigere Behandlung, damit sie nicht aufreißt und der Inhalt anschließend im Wasser schwimmt. Man lässt sie in sprudelndes Wasser gleiten und reduziert nach dem erneuten Aufkochen, das möglichst rasch erfolgen sollte, die Temperatur so weit, dass das Wasser nur noch simmert. Während des Garens wird gelegentlich umgerührt.

Empfohlene Pastamengen pro Person

Getrocknete Pasta	75-115 g
Frische Pasta	115-150 g
Gefüllte Pasta	175-200 g

Spaghetti und andere lange Formen getrockneter Pasta gibt man portionsweise ins kochende Wasser und wickelt sie, während sie vom unteren Ende her weich werden, um einen Holzlöffel oder eine Gabel, bis sie schließlich ganz eingetaucht sind.

Wenn möglich, koche ich meine Pasta in italienischem Mineralwasser. Das mag zwar ziemlich verschwenderisch erscheinen, ergibt aber ein exzellentes Ergebnis.

Pasta richtig servieren

Entscheidend ist, dass die Familie oder Ihre Gäste bereits am Tisch sitzen und auf die Pasta warten. Denn Pasta duldet keine Wartezeit. Man kocht sie, richtet sie mit der Sauce an und trägt sie dann unverzüglich auf. In Italien isst man sie aus tiefen Tellern, die verhindern, dass die Sauce umherspritzt und außerdem zu schnell auskühlt. Sie wird grundsätzlich nicht auf den Teller gehäuft. Ob die Pasta unter die Sauce gemischt wird oder - wie meist der Fall - die Sauce unter die Pasta, hängt von dem jeweiligen Rezept ab, wobei es jedoch keine unumstößlichen Regeln gibt. Es empfiehlt sich unbedingt, die Teller vorzuwärmen.

Frisch geriebener Parmesan - möglichst echter Parmigiano Reggiano - verbessert, über Pastagerichte gestreut, nicht nur deren Geschmack, sondern auch die Eiweiß- und Kalziumbilanz. Nichts zu suchen hat er auf den meisten Gerichten mit Pilzen, Fisch oder Meeresfrüchten.

Pasta stilecht essen

Bitte verwenden Sie nur eine Gabel, mit der Sie Pasta und Sauce gleichzeitig aufnehmen. Bei Spaghetti & Co. schaffen Sie nahe dem Tellerrand eine kleine Freifläche, auf der Sie jeweils ein paar Nudeln auf einmal aufwickeln können, ohne dass Sie am Ende einen dicken Klumpen auf der Gabel haben. Doch nun: „Buon appetito!"

2

zuppe e minestre

Suppen

Pasta spielt in der traditionellen italienischen Familienküche als Suppeneinlage eine wichtige Rolle, die im Ausland unterschätzt wird. In dieser Form als *primo piatto* anstatt eines gewöhnlichen Nudelgerichts serviert, gilt sie als bekömmliche Energiequelle und im Winter als wohltuender Wärmespender par excellence. Gewöhnlich wird sie in Suppen mit reichlich frischem Gemüse und/oder Hülsenfrüchten kombiniert. Wohlgemerkt sieht man in Italien Suppen nicht als willkommene Möglichkeit der Resteverwertung an, sondern bereitet sie mit den besten und frischesten Zutaten zu. Zudem verwendet man einige Mühe darauf, eine schmackhafte Brühe herzustellen, die dann die Grundlage für die Pasta *in brodo* bildet.

Minestrone alla Genovese Gemüsesuppe à la Genua mit Pesto **Für 4–6 Personen**

In Genua verfeinert man Minestrone gern zuletzt mit Pesto, der für Ligurien typischen Basilikumsauce. Maltagliati – „schlecht Geschnittene" – sind eine Spezialität der Emilia Romagna, für die Teigblätter unregelmäßig zerschnitten werden. Kleinere Stücke dienen oft als Suppeneinlage. Vermicelli sind hauchdünne Nudelfäden, noch dünner als Spaghetti.

1 Zwiebel, abgezogen
2 Stangen Bleichsellerie
2 mittelgroße Möhren
3 EL Olivenöl
150 g grüne Bohnen, in 5 cm lange Stücke geschnitten
1 Zucchini, in feine Scheiben geschnitten
1 Kartoffel, in 1 cm große Würfel geschnitten
1/4 Kopf Wirsing, in feine Streifen geschnitten
200 g vorgekochte Cannellini-Bohnen (ersatzweise aus der Dose, abgespült)
2 Eiertomaten, gehackt
1,2 l Gemüsebrühe
Meersalz und frisch gemahlener schwarzer Pfeffer
90 g getrocknete Vermicelli oder Maltagliati (siehe oben)

FÜR DAS PESTO
1 Knoblauchzehe, abgezogen
2 TL Pinienkerne
2 EL natives Olivenöl extra
1 EL frisch geriebener Parmesan
1 EL frisch geriebener Pecorino
20 Basilikumblätter

1 Zwiebel, Sellerie und Möhren fein hacken. Das Öl in einem großen Topf erhitzen. Das gehackte Gemüse 5–7 Minuten sanft dünsten, dabei häufig rühren.

2 Grüne Bohnen, Zucchini, Kartoffel und Wirsing dazugeben und bei mittlerer Temperatur etwa 3 Minuten unter häufigem Rühren mitdünsten. Cannellini und Tomaten untermischen und noch weitere 2–3 Minuten rühren.

3 Die Brühe zugießen. Das Ganze salzen und pfeffern, zum Kochen bringen und gründlich umrühren. Einen Deckel auflegen und die Suppe etwa 40 Minuten köcheln lassen, bis das gesamte Gemüse gar ist, dabei ab und zu umrühren.

4 Inzwischen für das Pesto den Knoblauch mit den Pinienkernen im Mörser zerdrücken. Das Öl und die beiden Käsesorten untermischen, schließlich das Basilikum hinzufügen und zerreiben – die fertige Sauce soll eine dickflüssige Konsistenz haben. Sie lässt sich auch in der Küchenmaschine herstellen, hat dann aber nicht den charakteristischen, leicht beißenden Geschmack und wird manchmal auch bitter.

5 Vermicelli, falls verwendet, in kurze Stücke brechen. Die Pasta in die Suppe geben und diese noch 5 Minuten köcheln lassen, dabei häufig rühren. Das Pesto gründlich untermischen. Den Topf nach weiteren 2–3 Minuten vom Herd nehmen. Die Pasta soll zuletzt *al dente* sein – also gar, aber noch bissfest.

6 Die Gemüsesuppe nochmals mit Salz und Pfeffer abschmecken. In vorgewärmten Suppenschalen servieren.

Variante

Anstelle des klassischen Pestos können Sie ebenso beispielsweise die Version mit gerösteten roten Paprikaschoten oder mit Rucola (siehe Seite 111 und Seite 112) verwenden.

Minestrone di Pasta e Ceci Gemüsesuppe mit Pasta und Kichererbsen

Für 4–6 Personen

Mit diesem kohlenhydratreichen Klassiker aus der Region Molise kommt Ihr Energiehaushalt lange über die Runden. Rosmarin harmoniert mit fast allen Sorten von Hülsenfrüchten.

4 EL Olivenöl
1 Zwiebel, abgezogen und fein gehackt
2 Möhren, fein gehackt
2 Stangen Bleichsellerie, fein gehackt
400 g vorgekochte Kichererbsen (ersatzweise aus der Dose, abgespült)
200 g vorgekochte Cannellini-Bohnen (ersatzweise aus der Dose, abgespült)
150 ml pürierte Tomaten aus der Dose
2 frische Rosmarinzweige
Meersalz und frisch gemahlener schwarzer Pfeffer
200 g Conchiglie
Frisch geriebener Parmesan zum Servieren

FÜR DIE GEMÜSEBRÜHE
1 Zwiebel, abgezogen und halbiert
6 Gewürznelken
3 Stangen Bleichsellerie
2 Möhren
2–3 Stangen Lauch
1 Hand voll Kartoffelschalen, gründlich gewaschen
Etwas Olivenöl
2 Knoblauchzehen, abgezogen und halbiert
3 Lorbeerblätter, zerpflückt
1 Hand voll ganze Stängel von glatter Petersilie

1 Als Erstes für die Gemüsebrühe die Zwiebelhälften mit den Nelken spicken und das übrige Gemüse grob hacken. Etwas Öl in einem großen, schweren Topf erhitzen und die vorbereiteten Zutaten sanft dünsten. Sobald sie etwas Farbe angenommen haben, Knoblauch, Lorbeerblätter und Petersilie zufügen. Das Ganze mit Wasser bedecken, leicht salzen und pfeffern und zum Kochen bringen. Sorgfältig abschäumen und anschließend bei geringer Hitze 25–35 Minuten köcheln lassen.

2 Gegen Ende der angegebenen Garzeit die vier Esslöffel Öl in einem großen Topf erhitzen. Das fein gehackte Gemüse bei niedriger Temperatur 5–7 Minuten dünsten und dabei häufig rühren.

3 Kichererbsen und Bohnen gründlich untermischen und 5 Minuten mitdünsten. Das Tomatenpüree mit 125 Milliliter Wasser einrühren und das Gemüse 2–3 Minuten schmoren, dabei häufiger durchmischen.

4 Die Brühe durch ein Sieb abgießen und 600 Milliliter davon mit einem der Rosmarinzweige zu Gemüse und Hülsenfrüchten in den Suppentopf geben. Das Ganze salzen und pfeffern, einmal aufkochen und dann zugedeckt 1 Stunde köcheln lassen, dabei ab und zu umrühren.

5 Einen Liter der durchgesiebten Brühe mit der Pasta in den Topf geben. Unter gelegentlichem Rühren einmal aufkochen und dann auf kleinerer Stufe köcheln lassen, bis die Pasta nach 7–8 Minuten *al dente* ist – also gar, aber noch bissfest.

6 Die Minestrone mit Salz und Pfeffer abschmecken und ohne den Rosmarinzweig in vorgewärmten Schalen anrichten. Mit den abgestreiften Blättchen des zweiten Rosmarinzweigs und mit frisch geriebenem Parmesan bestreuen.

Variante

Anstelle von Kichererbsen eignen sich auch diverse andere Hülsenfrüchte wie Borlotti-Bohnen oder auch Limabohnen.

Minestra con Pasta e Verdure Arrostite Minestrone mit Pasta und gebratenem Gemüse

Für 4–6 Personen

Für die *minestra* gibt es keine starren Vorschriften. Hinein kommt, was gefällt, was gerade zur Hand ist oder was jeweils Hochsaison hat. Jede italienische Familie favorisiert eine eigene Version dieses traditionsreichen Rezepts, das hier mit einem kleinen raffinierten Extra aufwartet.

200 g frische reife Eier- oder Strauchtomaten
3 EL Olivenöl
1 Zwiebel, abgezogen
2 Stangen Bleichsellerie
2 mittelgroße Möhren
Meersalz und frisch gemahlener schwarzer Pfeffer
1 Zucchini, in feine Scheiben geschnitten
1 Kartoffel, in 1 cm große Würfel geschnitten
150 g grüne Bohnen, in 5 cm lange Stücke geschnitten
1/4 Kopf Wirsing, in feine Streifen geschnitten
3 Knoblauchzehen, abgezogen und fein gehackt
3 frische Lorbeerblätter
200 g vorgekochte Cannellini-Bohnen
1,2 l Gemüsebrühe
90 g getrocknete Vermicelli oder Maltagliati (siehe Seite 18)
Frisch geriebener Parmesan zum Servieren

1 Den Backofen auf 200 °C vorheizen. Die Tomaten von Stielen und Blütenansätzen befreien und in einen Bräter setzen. Mit etwas Olivenöl beträufeln und je nach ihrer Größe 20–30 Minuten im Ofen braten, bis sie Farbe annehmen und aufplatzen. Herausnehmen und – sobald sie leicht abgekühlt sind – häuten und grob hacken.

2 Zwiebel, Sellerie und Möhren würfeln. Mit etwas Olivenöl beträufeln und durchmischen, bis die Stücke gleichmäßig fein überzogen sind, anschließend salzen und pfeffern. In einer Lage auf einem Backblech verteilen und 5–10 Minuten braten. Zucchini und Kartoffel hinzufügen und nochmals für 5–10 Minuten braten – das Gemüse soll zuletzt zart gebräunt sein.

3 Das restliche Öl in einem großen Topf erhitzen. Die grünen Bohnen und den Wirsing mit dem Knoblauch 3 Minuten unter häufigem Rühren anbraten. Lorbeerblätter, Cannellini und das gesamte vorgebratene Gemüse zufügen. Die Brühe in den Topf gießen, das Ganze salzen und pfeffern. Einmal aufkochen lassen, gründlich umrühren und die Suppe anschließend zugedeckt etwa 30 Minuten köcheln lassen, bis das Gemüse gar ist, dabei gelegentlich umrühren.

4 Die Pasta in kleine Stücke brechen und in der köchelnden Suppe 6–8 Minuten unter häufigem Rühren *al dente* kochen. Die Suppe nochmals abschmecken. In vorgewärmten Schalen servieren und über jede Portion etwas frisch geriebenen Parmesan streuen.

Minestrone primavera (mit Frühlingsgemüse) Zwiebel, Sellerie und Möhren im Backofen braten, bis sie aromatisch duften. Jeweils 150 Gramm enthülste frische Erbsen, grüne Bohnen, gehackte Eiertomaten und in Scheiben geschnittene Zucchini mit dem Knoblauch unter häufigem Rühren anbraten. Nach dem Grundrezept weiter verfahren. Ob Sie Cannellini verwenden oder nicht, bleibt Ihrem Geschmack überlassen.

Minestrone di fagioli (mit Bohnen) Wie im Grundrezept Zwiebel, Sellerie und Möhren braten. Statt des übrigen frischen Gemüses zusätzlich zu den Cannellini 200 Gramm vorgekochte Borlotti-Bohnen und Kichererbsen sowie reichlich gehackte Petersilie verwenden.

Minestrone inverno (mit Herbst-/Wintergemüse) Zwiebel, Sellerie und Möhren wie zuvor im Ofen braten. Zur Suppe 1/2 Kopf Wirsing, in Streifen geschnitten, sowie jeweils 150 Gramm Weiße Rüben, Riesenkürbis, Kartoffeln und Möhren (alles gehackt) geben. Nach Belieben können Sie das Wintergemüse ebenfalls im Ofen braten und außerdem Cannellini- oder Borlotti-Bohnen hinzufügen.

Minestrone estate (mit roten und grünen Paprikaschoten und anderem Sommergemüse)

Eine grüne und zwei rote Paprikaschoten zusammen mit den Tomaten im Ofen braten, bis ihre Haut leicht angekohlt ist. Gemüse häuten und hacken (dabei austretenden Saft auffangen und später zur Suppe geben). Weiteres Sommergemüse nach Wahl, aber unbedingt ein, besser noch zwei Zucchini verwenden. Weiter nach dem Grundrezept verfahren.

Millescosedde Gemüsesuppe mit Bohnen und Pasta **Für 4–6 Personen**

Der Name dieser kalabrischen Spezialität leitet sich ab von *mille cose*, was „tausend Dinge" bedeutet. Er gibt damit gleich zu verstehen, dass so ziemlich alles, was essbar ist, für diese Suppe verwendet werden kann. In Kalabrien gehören dazu u. a. Platterbsen, dort *cicerchie* genannt, die ich hier durch Cannellini-Bohnen und Kichererbsen ersetze.

85 g braune Linsen
3 Lorbeerblätter
15 g getrocknete Pilze
4 EL Olivenöl
1 Möhre, gewürfelt
1 Stange Bleichsellerie, gewürfelt
1 Zwiebel, abgezogen und fein gehackt
1 Knoblauchzehe, abgezogen und fein gehackt
1 Hand voll glatte Petersilie, gehackt
1 Prise rote Chiliflocken (nach Belieben)
1,5 l Gemüsebrühe
150 g vorgekochte Cannellini-Bohnen (ersatzweise aus der Dose, abgespült)
150 g vorgekochte Kichererbsen (ersatzweise aus der Dose, abgespült)
Meersalz und frisch gemahlener schwarzer Pfeffer
120 g kleine getrocknete Nudeln
Frisch geriebener Pecorino zum Servieren
Gehackte glatte Petersilie zum Garnieren

1 Die Linsen mit den Lorbeerblättern und 450 Milliliter Wasser in einen mittelgroßen Topf füllen und bei hoher Temperatur zum Kochen bringen. Die Hitze so weit reduzieren, dass das Wasser nur noch sanft sprudelt, und die Linsen 15–20 Minuten unter gelegentlichem Rühren kochen, bis sie eben gar sind.

2 Inzwischen die getrockneten Pilze 15–20 Minuten in 175 Milliliter warmem Wasser einweichen.

3 Die fertig gegarten Linsen in einen Durchschlag abseihen und kalt abbrausen. Die Pilze abgießen – das Einweichwasser dabei auffangen –, fein hacken und beiseite stellen.

4 Das Öl in einem großen Topf erhitzen. Die Möhre, den Sellerie und die Zwiebel mit dem Knoblauch, der Petersilie und – falls verwendet – den Chiliflocken bei niedriger Temperatur unter ständigem Rühren 5–7 Minuten dünsten. Die Brühe sowie die Pilze mit ihrem Einweichwasser zufügen. Die Temperatur erhöhen und – sobald die Brühe kocht – die Bohnen, Kichererbsen und Linsen dazugeben. Die Suppe salzen und pfeffern und zugedeckt 20 Minuten köcheln lassen.

5 Die Pasta zufügen. Die Suppe erneut zum Kochen bringen und die Pasta 7–8 Minuten unter häufigem Rühren garen, bis sie *al dente* ist.

6 Die Suppe abschmecken, in vorgewärmten Schalen anrichten und jede Portion mit geriebenem Pecorino und gehackter Petersilie bestreuen.

Variante

In diese Suppe passen nicht nur die jeweiligen Gemüsesorten der Saison, sondern auch verschiedene andere Hülsenfrüchte wie Borlotti-Bohnen und Dicke Bohnen.

Zuppa di Lenticchie e Pastina Linsensuppe mit kleinen Nudeln **Für 4–6 Personen**

175 g braune Linsen
3 Knoblauchzehen, abgezogen
3 EL Olivenöl
25 g Butter
1 Zwiebel, fein gehackt
2 Stangen Bleichsellerie, fein gehackt
2 EL Paste aus sonnengetrockneten Tomaten
1,2 l Gemüsebrühe
Einige frische Majoranblättchen
Einige frische Basilikumblätter
Blättchen von 1 frischen Thymianzweig
Meersalz und frisch gemahlener schwarzer Pfeffer
50 g kleine getrocknete Nudeln
Kräuterblätter zum Garnieren

1 Linsen mit einer angedrückten Knoblauchzehe und einem Liter Wasser in einem großen Topf zum Kochen bringen und anschließend bei reduzierter Temperatur unter gelegentlichem Rühren etwa 20 Minuten köcheln lassen, bis sie gar sind. In einen Durchschlag abseihen, die Knoblauchzehe herausnehmen und beiseite legen. Die Linsen kalt abbrausen und abtropfen lassen.

2 In einem großen Topf zwei Esslöffel Öl mit der Hälfte der Butter erhitzen. Zwiebel und Sellerie bei geringer Hitze unter häufigem Rühren 5–7 Minuten weich dünsten. Die beiden übrigen Knoblauchzehen andrücken und mit der beiseite gelegten Zehe, dem restlichen Öl, der Tomatenpaste und den Linsen unter die Zwiebel-Sellerie-Mischung rühren. Die Brühe zugießen, die Kräuterblätter zufügen und das Ganze salzen und pfeffern. Einmal aufkochen und danach 30 Minuten köcheln lassen, dabei gelegentlich rühren.

3 Die Pasta zufügen. Die Suppe erneut aufkochen und 7–8 Minuten köcheln lassen, bis die Pasta *al dente* ist, dabei häufig rühren. Mit der restlichen Butter verfeinern, abschmecken, in vorgewärmte Schalen füllen und mit den Kräuterblättern bestreuen.

Zuppa Casalinga Gemüsesuppe nach Hausfrauenart **Für 4–6 Personen**

2 EL Olivenöl
1 Zwiebel, abgezogen und grob gehackt
3 Möhren
175–200 g Weiße Rübe
175 g Steckrübe
400 g gehackte Tomaten
1 EL Tomatenmark
1 Hand voll frische Kräuter, wie Rosmarin, Thymian und Petersilie
1 TL getrockneter Oregano
Meersalz und frisch gemahlener schwarzer Pfeffer
1,5 l Gemüsebrühe
50 g kleine Makkaroni
400 g vorgekochte Borlotti- oder Cannellini-Bohnen (ersatzweise aus der Dose, abgespült)
1 Hand voll Petersilie, gehackt
Frisch geriebener Parmesan

1 Das Öl in einem großen Topf erhitzen und die Zwiebel bei geringer Hitze in etwa 5 Minuten weich dünsten.

2 Das gesamte frische Gemüse in größere Stücke schneiden. Mit den gehackten Tomaten, dem Tomatenmark, den frischen Kräutern und dem Oregano zur Zwiebel geben. Salzen und pfeffern, mit der Brühe übergießen und zum Kochen bringen. Gründlich rühren und zugedeckt bei reduzierter Temperatur 30 Minuten köcheln lassen, dabei ab und zu umrühren.

3 Die Pasta zufügen. Die Suppe erneut einmal aufkochen und dann auf kleinerer Stufe ohne Deckel unter häufigem Rühren etwa 5 Minuten köcheln lassen. Die Pasta muss noch etwas hart sein.

4 Die Bohnen untermischen und, wenn sie nach 2–3 Minuten gründlich aufgewärmt sind, den Topf vom Herd nehmen. Jetzt ist auch die Pasta *al dente*. Die Petersilie einrühren und die Suppe abschmecken.

5 In vorgewärmten Suppenschalen heiß servieren und dazu frisch geriebenen Parmesan in einer kleinen Schüssel reichen.

Pesce con Fregula Sardischer Fischeintopf

Für 4–6 Personen

Von einer Suppe kann bei dieser gehaltvollen Spezialität Sardiniens keine Rede mehr sein. *Fregula* ist eigentlich eine Art Grieß, der aber gut durch kleine Suppennudeln ersetzt werden kann. Kerniges italienisches Brot zum Auftunken der köstlichen Brühe sollte auf dem Tisch keinesfalls fehlen.

5 EL Olivenöl
4 Knoblauchzehen, abgezogen und fein gehackt
1/2 kleine frische rote Chilischote, Samen entfernt, fein gehackt
1 große Hand voll glatte Petersilie, grob gehackt
1 Red Snapper (etwa 450 g), küchenfertig vorbereitet, Kopf und Schwanz entfernt
1 Rote Meerbarbe oder Meeräsche (etwa 450 g), küchenfertig vorbereitet, Kopf und Schwanz entfernt
350–450 g Kabeljaufilet, dick geschnitten
400 g Eiertomaten aus der Dose, gehackt
Meersalz und frisch gemahlener schwarzer Pfeffer
175 g *fregula* (siehe oben) oder *Pastina* (italienische Suppennudeln)

1 In einer großen, hitzebeständigen Kasserolle zwei Esslöffel Olivenöl erhitzen. Den Knoblauch mit der Chili und der Hälfte der Petersilie bei mittlerer Temperatur etwa 5 Minuten dünsten, bis er weich, aber noch nicht gebräunt ist, dabei gelegentlich rühren.

2 Alle drei Fischsorten in größere Stücke schneiden, zuvor beim Kabeljaufilet eventuell noch vorhandene Haut und Gräten entfernen. Die Stücke in die Kasserolle geben, mit zwei Esslöffel Olivenöl beträufeln und einige Minuten anbraten.

3 Die Dosentomaten und zusätzlich eine Dosenfüllung Wasser in die Kasserolle gießen. Alles zum Kochen bringen, salzen und pfeffern und danach auf kleinerer Stufe 10 Minuten garen, dabei gelegentlich rühren.

4 Die *fregula* bzw. die Pasta zufügen. Das Ganze 5 Minuten köcheln lassen, 250 Milliliter Wasser und einen Esslöffel Öl zufügen und noch 15 Minuten garen.

5 Falls der Eintopf zu dickflüssig erscheint, etwas mehr Wasser zugießen. Abschmecken, in vorgewärmte Schalen füllen und mit dem Rest der Petersilie bestreuen.

Consiglio Empfehlung Auch andere Fischsorten eignen sich in diesem Fall. Weißfleischiger Schellfisch bildet etwa einen gelungenen Ersatz für den Red Snapper und mit Scholle oder Sägebarsch ist mir der Eintopf ebenfalls schon exzellent gelungen. Ob Sie den gesamten Fisch vorher entgräten, bleibt Ihnen überlassen.

Zuppa di Vongole e Pastina Suppe mit Venusmuscheln und kleinen Nudeln

Für 4–6 Personen

Eine delikate Süße begleitet die herzhafte Würze dieser Suppe, die durchaus ein eigenständiges Mittag- oder Abendessen abgibt. Am liebsten esse ich dazu knuspriges Brot.

250 g Venusmuscheln
Etwas Weizenmehl
2 EL Olivenöl
1 Zwiebel, abgezogen und fein gehackt
Blättchen von 1 frischen Thymianzweig, dazu einige zarte Zweige zum Garnieren
2 Knoblauchzehen, zerdrückt
5–6 frische Basilikumblätter, zerpflückt, zum Garnieren
1/2 TL rote Chiliflocken
1 l Fischbrühe
350 ml pürierte Tomaten (Dose)
1 TL Zucker
Meersalz und frisch gemahlener schwarzer Pfeffer
85 g ausgehülste frische Erbsen
65 g kleine getrocknete Nudeln, z. B. Farfalline (kleine Farfalle)

1 Muscheln bis zur Verwendung in Wasser aufbewahren, das sie vollständig bedecken muss und mit etwas Mehl angereichert wird (dadurch werden sie schön prall und außerdem gereinigt). Geöffnete Exemplare sortieren Sie aus.

2 Das Öl in einem großen Topf erhitzen und die Zwiebel etwa 5 Minuten glasig dünsten. Thymian, Knoblauch, Basilikum, Chiliflocken, Brühe, Tomatenpüree und Zucker untermischen. Salzen und pfeffern, einmal aufkochen und bei geringer Hitze 15 Minuten köcheln lassen, gelegentlich umrühren. Die Erbsen zufügen und noch 5 Minuten mitgaren.

3 Die Pasta untermischen. Die Suppe unter häufigem Rühren erneut aufkochen und danach bei reduzierter Temperatur etwa 5 Minuten köcheln lassen. Die Nudeln sollten noch etwas hart sein.

4 Bei niedriger Temperatur die Muscheln zufügen und 5–7 Minuten garen, bis sie sich öffnen (geschlossene Exemplare wegwerfen). Suppe abschmecken und – mit weiterem Basilikum und Thymian garniert – heiß servieren.

Variante

Wer es eilig hat, kann notfalls auf Venusmuscheln aus dem Glas zurückgreifen, die man inzwischen in jedem besseren Supermarkt bekommt. Sie sollten aber aus Italien stammen und müssen gründlich abgespült werden.

Pastina in Brodo Fleischbrühe mit Nudeln

Für 4 Personen

Etwa 450 g Suppenknochen (auch gemischt, je nach Empfehlung Ihres Metzgers)
3 Lorbeerblätter
Meersalz und frisch gemahlener schwarzer Pfeffer
2 reife Tomaten
65 g kleine getrocknete Nudeln, z. B. Farfalline (kleine Farfalle)
1 EL natives Olivenöl extra
25 g frisch geriebener Parmesan, nach Belieben
1 Hand voll glatte Petersilie, fein gehackt, nach Belieben

1 Den Backofen auf 200 °C vorheizen. Ist die Temperatur erreicht, die Knochen in einem großen Bräter 25 Minuten rösten, bis sie kräftig gebräunt sind.

2 Die Knochen in einem großen Topf mit Wasser bedecken. Die Lorbeerblätter und Salz nach Geschmack hinzufügen. Zum Kochen bringen, gründlich abschäumen und dann 40 Minuten sanft köcheln lassen, dabei bei Bedarf noch mehrmals abschäumen. Die Brühe in ein Sieb abgießen.

3 Inzwischen die Tomaten in einer Schüssel mit kochendem Wasser übergießen und nach etwa 40 Sekunden kalt abschrecken. Mit einem scharfen Messer häuten und das Fruchtfleisch fein hacken, dabei die Samen entfernen.

4 Die Tomatenstückchen in die Brühe rühren und 2–3 Minuten garen. Die Pasta zufügen und 3–5 Minuten kochen, bis sie eben gar ist.

5 Die Brühe mit Salz und Pfeffer abschmecken und mit Olivenöl verfeinern. Vor dem Servieren nach Belieben mit Parmesan und Petersilie bestreuen.

Pasta in Brodo con Piselli e Fegatini Brühe mit Erbsen, Hühnerlebern und Pasta

Für 4–6 Personen

120 g frische Hühnerleber
3 Petersilienstängel
Blättchen von 3 Majoranzweigen
Blättchen von 3 Salbeizweigen
Blättchen von 1 Thymianzweig
1 EL Olivenöl, 1 EL Butter
4 Knoblauchzehen, abgezogen und zerdrückt
Meersalz und frisch gemahlener schwarzer Pfeffer
1–2 EL trockener Weißwein
1,2 l Hühnerbrühe
4 mittelgroße Kartoffeln, geschält und gewürfelt
250 g ausgehülste frische Erbsen
50 g getrocknete Nudeln, z. B. Farfalle
1 Hand voll frische Basilikumblätter

1 Die Hühnerlebern säubern und in kleine Stücke schneiden. Die Kräuter hacken.

2 Das Öl mit der Butter in einer Pfanne erhitzen. Knoblauch, Kräuter, Salz und Pfeffer nach Geschmack einige Minuten dünsten. Hühnerlebern zufügen und bei hoher Temperatur einige Minuten ständig rühren, bis sie ihre Farbe verändern und der austretende Saft verdampft ist. Mit Wein ablöschen und, sobald er verkocht ist, die Pfanne vom Herd nehmen, alles abschmecken.

3 Die Brühe in einem großen Topf zum Kochen bringen. Kartoffeln und Erbsen zufügen und 5 Minuten in der köchelnden Flüssigkeit garen, dann die Pasta einstreuen. Die Brühe unter häufigem Rühren erneut aufkochen und etwa 5 Minuten köcheln lassen, bis die Nudeln *al dente* sind.

4 Die gebratenen Hühnerlebern und das Basilikum in die Brühe rühren. Nochmals kräftig aufwärmen, abschmecken und in vorgewärmten Schalen servieren.

3

all' istante

schnell

Die Pastaküche ist eine der schnellsten überhaupt. In der Viertelstunde, die es braucht, um das Wasser zum Kochen zu bringen und die meisten Formen getrockneter Pasta zu garen, lassen sich verschiedenste, äußerst schmackhafte Saucen zubereiten. Manche sind sogar binnen Minuten und damit genau so rasch wie frische Eierteigwaren fertig, und einige lassen sich buchstäblich in Sekundenschnelle zaubern, wenn die Pasta bereits auf dem Tisch steht. Um in den Genuss dieser genialen „Fast-Food-Gerichte" zu kommen, muss man nur die richtigen Zutaten im Haus haben, etwa gutes Olivenöl, italienische Eiertomaten und Hülsenfrüchte wie Cannellini- und Borlotti-Bohnen oder Kichererbsen in der Dose, eingelegte Sardellenfilets, Thunfischkonserven und Muscheln im Glas. Wenn Sie dann noch im Kühlschrank ein schönes Stück Parmesan, einige Eier, Sahne und vielleicht dazu etwas Pancetta, notfalls auch durchwachsenen Frühstücksspeck eingelagert haben, steht einem Essen vom Feinsten nichts mehr im Weg. Frische Kräuter wie Petersilie, Basilikum und Thymian machen die Sache perfekt.

Spaghetti con Cacio e Pepe Spaghetti mit Käse und schwarzem Pfeffer **Für 2 Personen**

Was man für dieses römische Gericht braucht, hat man immer im Haus – perfekt für die unerwartete Hungerattacke.

200 g Spaghetti
Meersalz
1 knapper EL Butter
50 g frisch geriebener Pecorino
1/2 EL frisch gemahlener schwarzer Pfeffer

1 Die Pasta in einem großen Topf mit sprudelndem Salzwasser in etwa 10 Minuten *al dente* kochen – das heißt, sie soll gar sein, aber noch Biss haben – und dann abseihen.

2 Mit der Butter, dem Käse und dem Pfeffer gründlich vermischen und sogleich servieren. Einfacher geht's wirklich nicht!

Pasta all'Aglio e Olio Pasta mit Knoblauch und Olivenöl **Für 2 Personen**

Landauf, landab bekommt man diesen Klassiker in immer wieder etwas anderen und fast durchweg überaus gelungenen Variationen. Mindestens einmal pro Woche, nicht selten montags zum Abendessen, kommt er in den meisten italienischen Familien auf den Tisch.

200 g Spaghetti
Meersalz
2 Knoblauchzehen, abgezogen und zerdrückt
1/2 kleine frische rote Chilischote, Samen entfernt, fein gehackt, oder 1 kleine getrocknete Chilischote (Peperoncino), zerrieben
4–5 EL natives Olivenöl extra mit fruchtigem oder zitronigem Aroma
1 Hand voll glatte Petersilie, fein gehackt

1 Die Pasta in sprudelndem Salzwasser in etwa 10 Minuten *al dente* kochen – sie soll also gar sein, aber noch Biss haben.

2 Inzwischen Knoblauch, Chili und 1 Prise Salz gründlich ins Öl einrühren.

3 Die fertig gegarte Pasta abseihen und rasch mit dem aromatisierten Öl vermischen. Großzügig mit Petersilie bestreuen und sofort servieren.

Variante

Mit Zutaten wie fein abgeriebener Zitronenschale, gehackten Kapern, entsteinten Oliven oder Sardellen (eingesalzene Filets gut abspülen) lässt sich das Rezept pikant abwandeln.

Consiglio Empfehlung **Gegen die Knoblauchfahne hilft ein Glas Milch, eine Hand voll Petersilie, ein Apfel, ein starker Espresso oder ein Gläschen Campari.**

Spaghetti con Pomodori Freschi Spaghetti mit frischen Tomaten **Für 2 Personen**

Für ein optimales Geschmackserlebnis sollten Sie schöne reife, rote Tomaten nehmen.

200 g Spaghetti
6 reife Tomaten
2 Knoblauchzehen, abgezogen und zerdrückt
3 EL Olivenöl
50 g frisch geriebener Parmesan, dazu etwas mehr zum Servieren
1 Hand voll frische Basilikumblätter, zerpflückt
Meersalz und frisch gemahlener schwarzer Pfeffer

1 Die Spaghetti in einem großen Topf mit sprudelndem Salzwasser in etwa 10 Minuten *al dente* kochen – das heißt gar, aber noch bissfest.

2 Unterdessen die Tomaten hacken. In einer Schüssel mit dem Knoblauch, dem Olivenöl, dem Parmesan, dem Basilikum sowie Salz und Pfeffer nach Geschmack vermischen.

3 Die Spaghetti abseihen, mit der Tomatensauce vermischen und sofort servieren. Dazu nach Belieben weiteren frisch geriebenen Parmesan reichen.

Pasta alla Crudaiola Pasta mit roher Tomatensauce **Für 4 Personen**

Obwohl sich die wundervoll schlichte Sauce auf der Grundlage von ungekochten Tomaten (*crudaiola* bedeutet roh) mit vielen anderen, auch kurzen Pastaformen bestens verträgt, mag ich sie doch am liebsten mit Bucatini (siehe Seite 40) oder Spaghetti. Sie passt perfekt zum Sommer, wenn die Märkte in der Sonne am Strauch gereifte und entsprechend aromatische Tomaten bieten.

350 g Pasta nach Wahl (siehe oben)
500 g reife italienische Eiertomaten
1 große Hand voll frische Basilikumblätter
5 EL natives Olivenöl extra
115 g *Ricotta salata* (siehe Consiglio – Empfehlung), gewürfelt
1 Knoblauchzehe, abgezogen und zerdrückt
Meersalz und frisch gemahlener schwarzer Pfeffer
Gehobelter Pecorino zum Servieren

1 Die Pasta in reichlich sprudelndem Salzwasser garen, bis sie *al dente* ist.

2 Inzwischen die Tomaten grob hacken, dabei Samen möglichst entfernen. Die Basilikumblätter in Streifen reißen.

3 Die Zutaten mit dem Öl, dem Ricotta, dem Knoblauch, Salz und Pfeffer in einer Schüssel gründlich vermischen. Wenn es Ihre Zeit erlaubt, lassen Sie die Sauce jetzt zugedeckt bei Raumtemperatur 1–2 Stunden ziehen, so dass sich die Aromen gut vermischen. (In diesem Fall wird die Pasta erst dann gekocht.)

4 Die Sauce mit Salz und Pfeffer abschmecken. Mit der heißen Pasta vermischen und das Gericht sogleich servieren. Dazu den Pecorino reichen.

Consiglio Empfehlung ***Ricotta salata* ist die gesalzene und gereifte Form des quarkähnlichen Ricotta und lässt sich aufgrund seiner festeren Konsistenz gut würfeln, zerbröseln oder reiben. Als Ersatz bietet sich junger Pecorino an.**

Spaghetti al Mortaio Spaghetti mit Tomaten-Paprika-Püree, Basilikum und Minze **Für 4 Personen**

Der Zusatz *al mortaio* im italienischen Rezeptnamen bedeutet: im Mörser. In ihm wurden die Saucenzutaten tatsächlich früher fein zerstoßen. Heute lässt sich diese Arbeit effizient mithilfe von Elektrogeräten erledigen. Entscheidend ist, dass Sie hochwertiges Olivenöl verwenden.

375 g Spaghetti
Meersalz und frisch gemahlener schwarzer Pfeffer
600 g reife Tomaten
1/2 Knoblauchzehe, abgezogen
1 rote Paprikaschote, Samen und Scheidewände entfernt, in Streifen geschnitten
1 Hand voll frische Minzeblätter
3 EL natives Olivenöl extra mit intensiv fruchtigem Aroma
1 Hand voll frische Basilikumblätter
50 g frisch geriebener Parmesan

1 Die Spaghetti in einem großen Topf mit sprudelndem Salzwasser kochen, bis sie *al dente* – das heißt gar, aber noch bissfest – sind.

2 Inzwischen die Tomaten mit kochendem Wasser überbrühen, danach häuten, halbieren und Samen weitgehend entfernen. Mit dem Knoblauch, der Paprikaschote und der Minze sowie Salz und Pfeffer nach Geschmack in den Mixer oder die Küchenmaschine füllen. Die Zutaten pürieren, bis eine gleichmäßige Sauce entsteht, und diese zuletzt nochmals abschmecken.

3 Die Pasta abseihen, gut abtropfen lassen und zurück in den Topf geben. Rasch mit dem Olivenöl, dem Tomaten-Paprika-Püree und den Basilikumblättern gründlich vermischen und servieren. Den Parmesan dazu reichen.

Penne con Fave e Ricotta Penne mit Dicken Bohnen und Ricotta

Für 4 Personen

In Süditalien genießt man dieses Gericht im Frühling, wenn die zarten Dicken Bohnen in Hülle und Fülle vorhanden sind. Mit vorgekochten getrockneten Dicken Bohnen sollte man es hingegen gar nicht erst probieren. Die ganz jungen Bohnenkerne werden sogar roh geknabbert, dazu isst man dann Pecorino. Der Name der hier verwendeten Pasta, übersetzt „Federn", ist sehr treffend gewählt: Mit ihren schräg abgeschnittenen Enden sehen die Nudelröhren tatsächlich aus wie Federkiele. Es gibt sie in glatter Form und als *penne rigate* mit für Saucen besonders anziehender gerillter Oberfläche.

150 g ausgehülste zarte Dicke Bohnen
200 g Penne
Meersalz und frisch gemahlener schwarzer Pfeffer
1 EL Olivenöl
1 Knoblauchzehe, abgezogen und fein gehackt
25 g frisch geriebener Pecorino
50 g Ricotta
Etwa 2 EL natives Olivenöl extra
Frische Majoranblättchen zum Garnieren

1 Die Bohnenkerne etwa 6 Minuten dämpfen, bis sie weich sind.

2 Inzwischen die Penne in einen großen Topf mit sprudelndem Salzwasser geben und 10 Minuten kochen, bis sie eben *al dente* – also gar, aber noch sehr bissfest – sind.

3 Das Olivenöl in einem Topf erhitzen und den Knoblauch hellgelb andünsten.

4 Die Penne abseihen und zum Knoblauch geben. Die Dicken Bohnen, den Pecorino, den Ricotta, das Olivenöl sowie Salz und Pfeffer nach Geschmack hinzufügen und alles gründlich vermischen.

5 Mit Majoranblättchen bestreuen und servieren.

Fettuccine all'Alfredo Fettuccine mit Parmesan-Sahne-Butter-Sauce **Für 4 Personen**

Eine Gabel und ein Löffel aus Gold waren Alfredo, einem römischen Restaurantbesitzer, gerade gut genug, um die von ihm um 1920 erfundene schlichte Köstlichkeit zu servieren. Dieses Gericht mundet genauso mit den in Norditalien beliebten Tagliatelle, die lediglich etwas schmaler als Fettuccine sind.

50 g Butter
200 ml Sahne
50 g frisch geriebener Parmesan und etwas mehr zum Servieren
Meersalz und frisch gemahlener schwarzer Pfeffer
350 g frische Fettuccine oder Tagliatelle

1 Die Butter in einem großen Topf zerlassen. Die Sahne zugießen und erhitzen, bis sie beinahe kocht, Temperatur reduzieren und 5 Minuten unter häufigem Rühren köcheln lassen. Die Sauce mit dem Parmesan verfeinern, salzen und pfeffern und warm stellen.

2 Die Pasta in einen Topf mit reichlich sprudelndem Salzwasser geben und unter gelegentlichem Rühren in 2–3 Minuten eben *al dente* – das heißt gar, aber noch bissfest – kochen. Abseihen und rasch gut abtropfen lassen.

3 Die Bandnudeln in die noch immer heiße Sauce geben und durchmischen, bis sie gleichmäßig überzogen sind. Abschmecken und sofort servieren. Dazu geriebenen Parmesan reichen.

Bucatini con Zucchini Bucatini mit Zucchini **Für 4 Personen**

Besonders gut schmecken hier Romanesco-Zucchini, die durch ihre helle Farbe und starken Rippen auffallen. Bucatini sehen wie dicke Spaghetti aus, weisen aber in der Mitte ein Loch auf und sind dadurch schneller gar.

375 g Bucatini (siehe oben)
Meersalz und frisch gemahlener schwarzer Pfeffer
450 g kleine, zarte Zucchini
150 ml Olivenöl
120 g frisch geriebener Parmesan, dazu etwas mehr zum Servieren
120 g milder Provolone, frisch gerieben, dazu etwas mehr zum Servieren
50 g Butter, in Stücke geschnitten
1 Hand voll Basilikumblätter, zerpflückt
1 Hand voll Minzeblätter, zerpflückt
1 Knoblauchzehe, abgezogen
2 EL natives Olivenöl extra mit fruchtigem Aroma

1 Die Bucatini in einem großen Topf mit sprudelndem Salzwasser kochen, bis sie eben *al dente* sind, also gar, aber noch bissfest.

2 Inzwischen die Zucchini in feine Scheiben schneiden und in einer Pfanne mit hohem Rand im heißen Olivenöl portionsweise braten, bis sie zart gebräunt sind. Herausnehmen und in eine große Schüssel geben.

3 Die beiden Käsesorten, die Butter, die Kräuter und den zerdrückten Knoblauch zufügen. Das Ganze salzen und pfeffern.

4 Die fertig gegarte Pasta abseihen, gut abtropfen lassen und mit dem Schüsselinhalt gründlich vermischen.

5 Mit dem fruchtigen Olivenöl beträufeln und sogleich servieren. Dazu in separaten Schalen weiteren Käse auf den Tisch stellen.

Rigatoni con Pignoli e Gorgonzola Rigatoni mit Gorgonzola und Pinienkernen **Für 2 Personen**

Herzhafter Blauschimmelkäse spielt bei diesem norditalienischen Rezept die Hauptrolle. Ich persönlich ziehe *Gorgonzola piccante* vor. Wenn Sie es milder mögen, kaufen Sie *Gorgonzola dolce*. Rigatoni – dicke, gerillte Pastaröhren – passen ideal zu der geschmacksintensiven Sauce.

65 g Brokkoliröschen
65 g Blumenkohlröschen
200 g Rigatoni
Meersalz und frisch gemahlener schwarzer Pfeffer
45 g Pinienkerne
2 EL Olivenöl
1 rote Zwiebel, abgezogen und fein gehackt
1 TL gehackte frische Thymianblättchen
120 g Gorgonzola (siehe oben), entrindet und gewürfelt

1 Die Brokkoli- und Blumenkohlröschen etwa 12 Minuten dämpfen – je nach ihrer Größe brauchen sie eventuell etwas länger oder kürzer, bis sie gar sind.

2 Die Rigatoni in einem Topf in sprudelndem Salzwasser *al dente* kochen.

3 Ebenfalls parallel die Pinienkerne auf einem Stück Alufolie unter dem Grill leicht rösten und dabei häufiger durchmischen.

4 Das Öl in einem größeren Topf erhitzen und die Zwiebel glasig dünsten. Thymian einrühren, die Mischung salzen und pfeffern. Den Käse, die gerösteten Pinienkerne und die Brokkoli- und Blumenkohlröschen zufügen und alles vermischen.

5 Die Pasta abseihen und mit den Saucenzutaten im Topf vermischen. Das Gericht nochmals mit Salz und Pfeffer abschmecken und servieren.

Tipp

Statt unter dem Grill können Sie die Pinienkerne auch bei eher sanfter Hitze in der Pfanne ohne Fett rösten. Diese Methode erfordert allerdings besondere Aufmerksamkeit, denn ehe man sichs versieht, sind die Pinienkerne verbrannt.

Consiglio Empfehlung

Für Abwechslung sorgen bei diesem Rezept die spiralförmigen Fusilli anstelle der Rigatoni oder auch 250 Gramm gedämpfter Spinat als Alternative zu den Brokkoli- und Blumenkohlröschen.

Conchiglie con Salsa di Noci e Funghi Conchiglie mit Walnuss-Pilz-Sauce

Für 4 Personen

Zwei meiner Lieblingszutaten verbünden sich in diesem Gericht zu einem wahrhaft lukullischen Genuss. Conchiglie sind mit ihrer Muschelform und auch mit ihrer gerippten Oberfläche wie geschaffen, um Sauce aufzunehmen.

120 g getrocknete Wildpilze (möglichst Steinpilze)
350 g Conchiglie
Meersalz und frisch gemahlener schwarzer Pfeffer
85 g Walnusskerne
1 Hand voll Basilikumblätter
1 Hand voll zarte Salbeiblätter
200 ml Sahne
1 große Knoblauchzehe, abgezogen
25 g Butter
50 g frisch geriebener Parmesan

1 Die Pilze, mit warmem Wasser bedeckt, 10 Minuten einweichen.

2 Unterdessen die Pasta in einem großen Topf in sprudelndem Salzwasser kochen, bis sie *al dente* ist – also gar, aber noch bissfest.

3 Parallel die Walnüsse hacken, das Basilikum zerpflücken und den Salbei ebenfalls hacken. Diese Zutaten in einer Schüssel mit der Sahne sowie Salz und Pfeffer nach Geschmack verrühren.

4 Den Knoblauch fein hacken. Die Pilze abseihen und trockentupfen, größere Exemplare mit dem Messer zerkleinern. Die Butter in einer Pfanne zerlassen und den Knoblauch 2–3 Minuten leicht andünsten. Die Pilze mit der Sahne-Nuss-Mischung unterrühren und alles zusammen sanft erwärmen.

5 Die Pasta abseihen, mit der Sauce übergießen und gründlich durchmischen. Mit dem Parmesan bestreuen und servieren.

Varianten

Falls Sie Glück haben und ganz frische Walnüsse bekommen, sollten Sie sich eine feine Nuss-Sahne-Sauce zaubern. Lassen Sie einfach die Pilze weg, und verwenden Sie eine Hand voll glatte Petersilie, fein gehackt, anstelle von Basilikum und Salbei, die in diesem Fall zu dominant schmecken würden. Übrigens bewahrt man Walnüsse, damit sie nicht ranzig werden, im Kühlschrank oder in der Gefriertruhe auf.

Bei beiden hier vorgestellten Saucenvarianten können Sie Kalorien sparen, indem Sie anstelle der Sahne in Milch eingeweichtes Brot verwenden. Geben Sie es, wenn Sie die Nüsse in der Küchenmaschine fein hacken, mit dazu.

Farfalle alla Crema di Gorgonzola Farfalle mit Gorgonzola-Sahne-Sauce **Für 4 Personen**

In Italien stehen die schmetterlingsförmigen Farfalle in der Beliebtheitsskala gleich nach Spaghetti auf Platz zwei, denn sie sind schnell gar und bieten den Zutaten viel Oberfläche.

350 g Farfalle
Meersalz und frisch gemahlener schwarzer Pfeffer
175 g Gorgonzola (zimmerwarm), entrindet und fein gewürfelt
150 ml Sahne
1 Prise Zucker
2 TL fein gehackter frischer Salbei, dazu in Streifen geschnittener Salbei zum Garnieren

1 Die Pasta in einem großen Topf mit sprudelndem Salzwasser in 8–10 Minuten *al dente* kochen – sie soll gar, aber noch bissfest sein.

2 Abseihen und gut abgetropft zurück in den Topf geben. Den Gorgonzola, die Sahne, Zucker, reichlich Pfeffer und den gehackten Salbei zufügen. Alles bei mittlerer Temperatur vermischen, bis die Farfalle gleichmäßig überzogen sind, und eventuell mit etwas Salz abschmecken.

3 Die Farfalle in vier vorgewärmten Schalen anrichten, mit Salbeistreifen bestreuen und sogleich servieren.

Vier Käsesorten Je 50 Gramm Parmesan, Gruyère, Fontina und Gorgonzola – die beiden Ersten gerieben, die beiden Letzten fein gewürfelt – zusammen mit den restlichen Zutaten unter die heißen Farfalle mischen.

Gekochte Garnelen 350 Gramm große gekochte Garnelen schälen (netto benötigen Sie 200 Gramm). Mit zwei zerdrückten Knoblauchzehen, der abgeriebenen Schale von einer unbehandelten Zitrone und etwas gehackter glatter Petersilie unter die Pasta mischen.

Prosciutto und Gruyère Lassen Sie sich acht Scheiben Prosciutto möglichst etwas dicker als üblich schneiden. In Streifen schneiden und zusammen mit 120 Gramm geriebenem Gruyère (Greyerzer) unter die Pasta mischen. Der Salbei passt gut dazu, weglassen sollten Sie hingegen den Zucker.

Spinat und Tomaten Sie brauchen 500 Gramm ganz zarten Spinat. Die Blätter gründlich waschen und trockenschleudern oder -tupfen. Acht reife Tomaten (möglichst aus Italien) von den Samen befreien und hacken. Diese Zutaten zusammen mit zwei zerdrückten Knoblauchzehen und etwas glatter Petersilie unter die Farfalle mischen.

Fettuccine con Ceci Fettuccine mit Kichererbsen

Für 4 Personen

Kichererbsen werden in ganz Italien angebaut, besonders wohl fühlen sie sich aber im extrem sonnigen Süden. Dort, genauer in Neapel, ist die Heimat dieses traditionellen Gerichts. Mit Kichererbsen aus der Dose lässt es sich schneller und bequemer zubereiten, allerdings sagen mir persönlich getrocknete Hülsenfrüchte in puncto Geschmack und Konsistenz mehr zu. Achten Sie auf das auf der Packung aufgedruckte Datum: Je älter der Inhalt, desto länger die Kochzeit und desto weniger überzeugend auch das Aroma.

350 g Fettuccine
Meersalz und frisch gemahlener schwarzer Pfeffer
6 aromatische Strauch- oder 200 g Kirschtomaten
4 EL Olivenöl
2 Knoblauchzehen, abgezogen und zerdrückt
1 große Hand voll glatte Petersilie, gehackt
1 Dose (etwa 400 g) Kichererbsen, abgetropft und abgespült
2 EL natives Olivenöl extra mit fruchtigem Aroma
Reichlich frisch geriebener Parmesan zum Servieren
1 große Hand voll frisches Basilikum, zerpflückt, zum Servieren

1 Die Fettuccine in einem großen Topf mit sprudelndem Salzwasser *al dente* kochen, das heißt gar, aber noch bissfest.

2 Inzwischen die Tomaten in einer Schüssel mit kochendem Wasser übergießen und nach etwa 40 Sekunden kalt abschrecken. Mit einem scharfen Messer häuten und das Fruchtfleisch hacken. Kirschtomaten nur halbieren.

3 Das Olivenöl in einem mittleren Topf erhitzen und den Knoblauch sanft andünsten. Tomaten, Petersilie und Kichererbsen zufügen, salzen und pfeffern und den Topf zugedeckt beiseite stellen.

4 Die fertig gegarte Pasta abseihen, anschließend erst das fruchtige Olivenöl und dann die Kichererbsenmischung unterziehen. Das Ganze zuletzt nochmals abschmecken.

5 In vorgewärmten Schalen anrichten, großzügig mit Parmesan und Basilikum bestreuen und sofort servieren.

Variante

Sollten Sie getrocknete Kichererbsen verwenden, weichen Sie 100 Gramm über Nacht in einer Schüssel voll kaltem Wasser ein. Am nächsten Tag die Kichererbsen abseihen und in einem großen Topf mit frischem Wasser bedecken. Bei hoher Temperatur aufsetzen und nach dem ersten Aufwallen des Wassers erst 10 Minuten kochen, anschließend 20–30 Minuten bei geringer Hitze köcheln lassen, bis sie weich sind. Abseihen, gut abtropfen lassen und wie Kichererbsen aus der Dose verwenden.

Spaghetti alla Rancetto Spaghetti mit Tomaten und Speck

Für 4 Personen

Seine leichte, frische Art verdankt dieses Gericht, das den Namen eines Restaurants in der umbrischen Stadt Spoleto trägt, auch der Tatsache, dass die Tomaten nur kurz gedünstet werden. Diese sollten auf jeden Fall viel Sonne getankt und dabei ein volles Aroma entwickelt haben

350 g reife Eiertomaten
150 g Pancetta (italienischer Bauchspeck), gewürfelt
2 EL Olivenöl
1 Zwiebel, abgezogen und fein gehackt
Meersalz und frisch gemahlener schwarzer Pfeffer
350 g frische oder getrocknete Spaghetti
1 Hand voll frische Majoranzweige, die Blättchen abgestreift
Reichlich frisch geriebener Pecorino zum Servieren

1 Die Tomaten in mundgerechte Würfel schneiden.

2 Den Speck mit dem Öl in einen mittleren Topf geben und bei niedriger Temperatur rühren, bis das Fett ausbrät. Die Zwiebel untermischen und alles unter häufigem Rühren noch etwa 5 Minuten sanft dünsten.

3 Die Tomaten mit Salz und Pfeffer nach Geschmack zufügen. Gründlich umrühren und 7 Minuten mitdünsten.

4 Die Pasta in einem Topf mit sprudelndem Salzwasser *al dente* kochen.

5 Die Sauce vom Herd nehmen und den Majoran unterrühren. Nochmals mit Salz und Pfeffer abschmecken.

6 Die Pasta abseihen und zurück in den Topf geben. Mit der Sauce übergießen und gründlich durchmischen. In vorgewärmten Schalen sogleich servieren und den geriebenen Pecorino separat dazu reichen.

Variante

Sehr ähnlich ist das Rezept für Tomatensauce all'Amatriciana, benannt nach dem Städtchen Amatrice in den Sabiner Bergen nordöstlich von Rom. Bei einem Aufenthalt in der Region Latium begegnet man ihr in Kombination mit Bucatini oder Spaghetti auf vielen Speisekarten. Wenn Sie bei obigem Rezept frische rote Chilischoten, ohne die Samen in feine Streifen geschnitten, hinzufügen und den Majoran durch zwei bis drei Esslöffel trockenen Weißwein ersetzen, kommen Sie der Sache schon recht nahe.

Consiglio Empfehlung

Es lohnt sich, echten Pancetta zu besorgen. Sie bekommen ihn in italienischen Delikatessengeschäften. Als Ersatz ist durchwachsener Frühstücksspeck durchaus akzeptabel, ergibt aber nicht wirklich den echten Geschmack.

Vermicelli allo Zafferano Vermicelli mit Safran **Für 4 Personen**

Ein heißer Tipp für ein leckeres Abendessen, aber genauso für den kleinen Hunger zwischendurch, denn die erforderlichen Zutaten haben Liebhaber der Pastaküche wohl immer im Haus. Safranfäden bieten gegenüber gemahlenem Safran einen entschieden intensiveren Geschmack.

350 g Vermicelli
Meersalz und frisch gemahlener schwarzer Pfeffer
1 kräftige Prise Safranfäden
150 g gekochter Schinken, in Streifen geschnitten
200 ml Sahne
50 g frisch geriebener Parmesan und etwas mehr zum Servieren
2 Eigelbe

1 Die Vermicelli in einem großen Topf mit sprudelndem Salzwasser *al dente* kochen – das heißt gar, aber noch bissfest.

2 Gleichzeitig in einem ziemlich großen Topf zwei Esslöffel Wasser mit den Safranfäden rasch zum Kochen bringen. Topf vom Herd nehmen.

3 Den Schinken zum Safranwasser geben. Die Sahne und den Parmesan sowie etwas Salz und Pfeffer untermischen. Das Ganze sanft erhitzen und dabei ständig rühren. Sobald die Sahne erste Blasen wirft, den Topf vom Herd nehmen und die Eigelbe energisch einrühren. Die Sauce nochmals abschmecken.

4 Die Vermicelli abseihen, abtropfen lassen und in dem Topf gründlich mit der Sauce vermischen. In vorgewärmten Schalen servieren und dazu nach Belieben weiteren Käse reichen.

Variante

Im Grunde handelt es sich hierbei um eine veredelte Version der klassischen *Spaghetti alla Carbonara*, die angeblich von den Köhlern Latiums erfunden wurden und ohne den leicht extravaganten Safranhauch auskommen. Einfach nur mit Speck, Eiern und Käse zubereitet, fanden sie bei den im Zweiten Weltkrieg in Italien stationierten Amerikanern großen Anklang, die sich dadurch an das gewohnte Frühstück in ihrer Heimat erinnert fühlten. Nach dem Ende ihrer Mission nahmen sie das Rezept kurzerhand mit und verhalfen ihm so als einem der ersten zu größerer Popularität außerhalb Italiens.

Spaghetti alla Carrettiera Spaghetti mit Pilzen, Thunfisch und Speck **Für 4 Personen**

Außer den Römern erheben auch noch die Neapolitaner und Sizilianer Anspruch auf das Urheberrecht für dieses Gericht. Es gehört zu jener Sorte deftiger Zubereitungen, mit denen sich einst Fuhrleute am Ende eines langen Tages in einer Trattoria stärkten. Tatsächlich bedeutet *alla carrettiera* übersetzt: nach Fuhrmannsart.

25 g getrocknete Steinpilze
2 EL Olivenöl
1 Knoblauchzehe, abgezogen
85 g Pancetta oder durchwachsener Frühstücksspeck, vom Rand befreit und in 5 mm dicke Streifen geschnitten
250 g Champignons, gehackt
Meersalz und frisch gemahlener schwarzer Pfeffer
350 g Spaghetti
1 Dose (etwa 200 g) Thunfisch, möglichst in Olivenöl eingelegt und abgetropft

1 Die Steinpilze in einer kleinen Schüssel mit 175 Milliliter warmem Wasser übergießen und 15 Minuten einweichen.

2 Inzwischen das Öl in einem großen Topf erhitzen. Den Knoblauch etwa 2 Minuten sanft andünsten und dabei mit einem Holzlöffel zerdrücken, um das Aroma freizusetzen, danach herausnehmen. Den Speck in den Topf geben und 3–4 Minuten unter gelegentlichem Rühren anbraten.

3 Die Pilze abseihen – dabei das Einweichwasser auffangen – und fein hacken.

4 Steinpilze und Champignons zum Speck geben und 1–2 Minuten unter häufigem Rühren braten. Sechs Esslöffel des Einweichwassers zugießen, die Pilze salzen und pfeffern und 5 Minuten schmoren.

5 Gleichzeitig die Spaghetti in einem großen Topf mit sprudelndem Salzwasser, zu dem Sie noch das restliche Pilzwasser gießen, *al dente* kochen – das heißt eben gar, aber noch bissfest.

6 Den Thunfisch zerpflücken und behutsam unter die Pilzsauce mischen. Mit Salz und Pfeffer abschmecken.

7 Die Spaghetti abseihen. In einer vorgewärmten Servierschüssel gründlich mit der Sauce vermischen und sogleich servieren.

Variante

Ersetzen Sie den Thunfisch durch Sardinen, nach Belieben in Öl eingelegt aus der Dose oder auch frisch gegrillt.

Maccheroni alla Bottarga di Favignana Makkaroni mit getrocknetem Fischrogen

Für 4 Personen

So ungewöhnlich die Hauptzutat in diesem Pastagericht auch erscheinen mag, hat es doch in Sardinien ebenso wie in Sizilien und mancherorts auf dem süditalienischen Festland viele Anhänger. Es ist denkbar einfach in der Zubereitung und schmeckt dabei hervorragend. Die aus rohem Knoblauch und Pinienkernen zubereitete *crema* bildet ein gelungenes Gegengewicht zu dem salzigen *bottarga*, ergibt aber auch solo – dann natürlich in größerer Menge – eine exquisite Sauce.

350 g Makkaroni
Meersalz und frisch gemahlener schwarzer Pfeffer
2 EL Olivenöl
1 Knoblauchzehe, abgezogen, in Scheiben geschnitten
10 Kirschtomaten, halbiert
1/2 Glas trockener Weißwein
1 Hand voll glatte Petersilie, gehackt
2 EL natives Olivenöl extra
85 g *bottarga* (siehe Consiglio – Empfehlung rechte Seite), sehr fein gewürfelt

FÜR DIE NUSSCREME
2 Knoblauchzehen, abgezogen
25 g Pinienkerne

1 Die Makkaroni in einem großen Topf mit sprudelndem Salzwasser in 10 Minuten *al dente* kochen, das heißt gar, aber noch bissfest.

2 Für die Nusscreme die beiden Knoblauchzehen und die Pinienkerne im Mörser mit dem Stößel zu einer geschmeidigen Mischung verarbeiten.

3 Das Olivenöl in einem mittleren Topf erhitzen. Die Knoblauchscheiben und die Tomaten mit dem Wein zufügen und 3 Minuten rühren, bis die Flüssigkeit verkocht ist.

4 Die Pasta abseihen. In einer Schüssel mit der Petersilie, dem Olivenöl und dem *bottarga* vermischen, anschließend die Tomatensauce unterziehen. In vorgewärmten Schalen anrichten und auf jede Portion einen Klecks der Nusscreme geben.

Variante

Die robusten Makkaroni passen in diesem Fall außerordentlich gut, aber auch mit Spaghetti mundet das Gericht vorzüglich, wenn Sie die Nusscreme durch Knoblauchöl ersetzen.

Consiglio Empfehlung ***Bottarga*** **– gesalzenen und getrockneten Thunfisch- oder Meeräschenrogen – bekommen Sie in italienischen Delikatessengeschäften. Praktisch sind kleine Gläser mit geriebenem *bottarga*, geschmacklich überlegen ist in Scheiben geschnittener, eingeschweißter Meeräschenrogen.**

4

per tutti i giorni

für jeden Tag

Mir geht es nicht anders als den meisten Italienern: Wenn ich nicht wenigstens einmal am Tag Pasta esse, fehlt mir etwas. Die alltägliche Pastaküche stützt sich dabei vor allem auf preiswerte Zutaten wie Gemüse, das gerade Saison hat, und Hülsenfrüchte. Häufig verwendet werden auch *peperoncini*, also Chilischoten, und getrocknete Steinpilze, da sie für vergleichsweise wenig Geld viel Aroma beisteuern. Nicht sparen sollte man dagegen beim Öl. Der Etikettenaufdruck „natives Olivenöl extra" bezeichnet Produkte, die kaltgepresst und naturbelassen sind, und die sollte man sich wirklich gönnen. Auch beim Käse lohnt es sich, etwas mehr auszugeben, denn zwischen echtem Parmigiano Reggiano, nach Bedarf frisch gerieben, und einem Reibkäse aus der Tüte liegen geschmacklich Welten.

Pasta con Piselli Pappardelle mit Erbsen **Für 2 Personen**

Dass Basilikum nicht nur Tomaten perfekt ergänzt, beweist dieses Gericht *alla nonna*, übersetzt: nach Großmutterart. Pappardelle, breite Bandnudeln, schätzt man in Venetien und in der Toskana.

2 EL Olivenöl
1 kleine Zwiebel, abgezogen und fein gehackt
600 ml Gemüsebrühe (möglichst hausgemacht)
150 g Pappardelle
175 g ausgehülste frische Erbsen
Meersalz und frisch gemahlener schwarzer Pfeffer
1 Hand voll frisches Basilikum, zerpflückt
Reichlich frisch geriebener Parmesan

1 Das Öl in einem mittleren Topf erhitzen und die Zwiebel glasig dünsten. Brühe aufgießen.

2 Die Pasta in Stücke brechen und zusammen mit den Erbsen in die Brühe geben, leicht salzen und pfeffern und in etwa 12 Minuten *al dente* kochen – sie soll also gar, aber noch bissfest sein. (Ein Teil der Flüssigkeit wird dabei von der Pasta aufgesogen.) Die Erbsen sind jetzt ebenfalls gar.

3 Mit Basilikum und Parmesan bestreuen und servieren.

Consiglio Empfehlung **Besonders fein schmeckt dieses Gericht im Frühling, wenn die ersten zarten, wundervoll süß-aromatischen Erbsen auf den Markt kommen.**

Pasta con Sugo di Verdure Pasta mit grünem Gemüse **Für 4 Personen**

Das italienische Wort *sugo* bedeutet einerseits Saft und bezeichnet andererseits dicke geschmorte Mischungen, die auch Fleisch und Fisch oder – wie hier – nur Gemüse enthalten können.

2 Möhren
1 Zucchini
85 g grüne Bohnen
1 kleine Stange Lauch
2 reife italienische Eiertomaten
1 Hand voll glatte Petersilie
350 g Pasta nach Wahl
Meersalz und frisch gemahlener schwarzer Pfeffer
25 g Butter
3 EL natives Olivenöl extra
1/2 TL Zucker
120 g ausgehülste frische Erbsen

1 Die Möhren und Zucchini fein würfeln. Die Bohnen entfädeln und in zwei Zentimeter lange Stücke, den Lauch in feine Scheiben schneiden. Die Tomaten mit heißem Wasser überbrühen, häuten und würfeln. Die Petersilie hacken.

2 Die Pasta in einem Topf mit sprudelndem Salzwasser eben *al dente* kochen – das heißt gar, aber noch bissfest.

3 Die Butter mit dem Öl in einem mittleren Topf zerlassen, bis sie leise zischt. Den Lauch und die Möhren einrühren, mit dem Zucker bestreuen und etwa 5 Minuten dünsten, dabei häufig durchmischen.

4 Zucchini, Bohnen und Erbsen zufügen. Das Gemüse kräftig salzen und pfeffern und zugedeckt auf kleiner bis mittlerer Stufe 5–8 Minuten schmoren, bis alles gar ist. Zwischendrin mehrmals rühren.

5 Die Petersilie und die Tomaten einrühren. Das Ganze nochmals abschmecken, mit der abgeseihten Pasta vermischen und sofort servieren.

Spaghetti alla Bellini Spaghetti mit Pilzen **Für 4 Personen**

Als Namensgeberin fungierte hier Pina Bellini, die Inhaberin des Mailänder Restaurants La Scaletta, das mit seiner Pasta aus eigener Herstellung berühmt wurde.

15 g getrocknete Steinpilze
3 EL Olivenöl
2 Knoblauchzehen, abgezogen und fein gehackt
1 Hand voll glatte Petersilie, grob gehackt
2 große getrocknete Tomaten in Olivenöl, abgetropft und in feine Streifen geschnitten
125 ml trockener Weißwein
250 g braune Champignons, in feine Scheiben geschnitten
450 ml Gemüsebrühe
350 g Spaghetti
Meersalz und frisch gemahlener schwarzer Pfeffer
1 Hand voll Rucola und Petersilie (gemischt), gehackt, zum Servieren

1 Die Steinpilze in einer Schüssel mit 175 Milliliter warmem Wasser übergießen und 15–20 Minuten einweichen, danach über einer zweiten Schüssel in ein feines Sieb gießen. Die Pilze mit den Händen möglichst kräftig ausdrücken und anschließend fein hacken. Das Einweichwasser beiseite stellen.

2 Das Öl in einem Topf erhitzen. Den Knoblauch mit der Petersilie, den Tomatenstreifen und den Steinpilzen zufügen und alles bei niedriger Temperatur unter häufigem Rühren etwa 5 Minuten dünsten.

3 Den Wein zugießen und einige Minuten köcheln lassen, bis er auf die Hälfte reduziert ist. Die Champignons einrühren und die Brühe dazugießen. Das Ganze ohne Deckel 15–20 Minuten simmern lassen, bis die Flüssigkeit zu einer ziemlich dicken, aromatischen Sauce eingekocht ist.

4 Inzwischen die Pasta in sprudelndem Salzwasser *al dente* kochen – sie soll gar, aber noch bissfest sein.

5 Die Pilzsauce mit Salz und Pfeffer abschmecken. Die Pasta abseihen – dabei etwas von dem Kochwasser auffangen – und in einer großen vorgewärmten Schüssel mit der Pilzsauce vermischen, nach Bedarf mit etwas Nudelkochwasser verdünnen.

6 Das Gericht großzügig mit Rucola und Petersilie bestreuen und sofort servieren.

Variante

Mit gemischten Wildpilzen, wie frischen Steinpilzen (*porcini*), Pfifferlingen und Morcheln, machen Sie aus diesem eher schlichten Alltagsgericht einen festlichen Genuss. Etwas Sahne oder sogar Crème double, im letzten Moment eingerührt, gibt dem Ganzen eine extra feine Note.

Pizzocheri della Valtellina Buchweizennudeln mit Kohl, Bohnen und Kartoffeln **Für 6 Personen**

Diese deftige Spezialität aus der Lombardei – oder genauer dem Veltlin – ist wie geschaffen, um dem rauen Klima der Alpenregion etwas entgegenzusetzen – zumal Buchweizen den Kreislauf anregen soll.

FÜR DIE PASTA
300 g Buchweizenmehl
(siehe Consiglio – Empfehlung)
150 g Weizenmehl
3 Eier, verquirlt
7 EL Milch
1 Prise Salz

AUSSERDEM
200 g Kartoffeln
Meersalz und frisch gemahlener schwarzer Pfeffer
250 g grüne Bohnen und Rosenkohl, Wirsing oder anderer Kohl, zu gleichen Teilen gemischt
70 g Butter
1 Knoblauchzehe, abgezogen und zerdrückt
Frisch geriebene Muskatnuss
1 Hand voll frische Salbeiblätter
120 g frisch geriebener Fontina
75 g frisch geriebener Parmesan

1 Für die Pasta die beiden Mehlsorten auf die Arbeitsfläche sieben, zu einem Hügel formen und in die Mitte eine Mulde drücken. Die Eier und die Milch mit etwas lauwarmem Wasser und dem Salz hineingeben. Alles zu einem glatten, geschmeidigen Teig verarbeiten (siehe Seite 8). 10 Minuten ruhen lassen.

2 Den Teig papierdünn zu einem langen Viereck auswalzen, das etwa 30 Zentimeter breit sein sollte. An einer Längskante beginnend, aufrollen und etwa ein Zentimeter breite Stücke abschneiden, zuletzt etwas auflockern.

3 Die Kartoffeln schälen, würfeln und in sprudelndem Salzwasser gar kochen. Das übrige Gemüse gar dämpfen. Wirsing, falls verwendet, zuvor hacken. Die Butter in einem Topf zerlassen, den Knoblauch bei niedriger Temperatur glasig dünsten. Muskatnuss, Salbei und Gemüse untermischen, bis es gleichmäßig mit der Butter überzogen ist. Salzen und pfeffern.

4 Die Pasta in einem großen Topf mit sprudelndem Salzwasser 6 Minuten kochen, bis sie *al dente* ist, also gar, aber noch bissfest.

5 Auf einer vorgewärmten Servierplatte die Hälfte der Pasta und darauf die Hälfte des Gemüses verteilen. Mit der Hälfte der beiden Käsesorten bestreuen. Die restlichen Zutaten genauso darauf schichten und servieren.

Consiglio Empfehlung

Die in Reformhäusern erhältlichen Buchweizennudeln sind mit den Pizzoccheri nicht zu vergleichen.

Brandelli con Melanzane e Zucchini Brandelli mit Auberginen-Zucchini-Sauce

Für 4 Personen

Auberginen gedeihen im Klima Süditaliens prächtig, und so kommt dieses Gericht hier überall in immer wieder leicht abgewandelten Variationen häufig auf den Tisch.

1 Aubergine (etwa 200 g)
Meersalz und frisch gemahlener schwarzer Pfeffer
350 g Brandelli
(siehe Consiglio – Empfehlung)
2 mittelgroße Möhren
2 kleine Zucchini
1 große Zwiebel
4 EL Olivenöl
2 Knoblauchzehen, abgezogen und zerdrückt
1 EL gehackter frischer Rosmarin
100 ml trockener Rotwein
85 g frisch geriebener Pecorino

1 Die Aubergine schälen und das Fruchtfleisch in streichholzfeine Stifte schneiden. In einer Schüssel mit Salz bestreuen und – um Wasser und Bitterstoffe zu entziehen – mit einem Teller beschwert 20 Minuten ruhen lassen.

2 Kurz vor Ablauf dieser Ruhezeit die Pasta in einem großen Topf mit sprudelndem Salzwasser aufsetzen und *al dente* kochen.

3 Inzwischen die Möhren und Zucchini ebenfalls in streichholzfeine Stifte schneiden. Die Zwiebel abziehen und fein hacken. Die Auberginenstifte abbrausen und trockentupfen.

4 Das Öl in einem Topf erhitzen und die Gemüsestifte goldgelb braten. Die Zwiebel zufügen und – sobald sie Farbe angenommen hat – Knoblauch und Rosmarin untermischen. Bei niedriger Temperatur den Wein zugießen, salzen und pfeffern und das Gemüse zugedeckt 5 Minuten schmoren.

5 Die Pasta abseihen, unter das Gemüse mischen und mit Pecorino bestreuen. Sofort servieren.

Variante

In Anlehnung an die berühmte *Pasta alla Norma* können Sie noch einfache Tomatensauce und etwas geriebenen *Ricotta salata* (siehe Seite 35) zufügen.

Consiglio Empfehlung

Traditionsgemäß wird die Auberginen-Zucchini-Sauce mit Brandelli, leicht gewellten Teigquadraten, serviert. Mit Pappardelle oder einer anderen Pastasorte Ihrer Wahl wird sie Ihnen aber bestimmt genauso schmecken.

Conchiglie Grandi Farcite

Gefüllte Conchiglioni **Für 2 Personen**

Ob Sie die gefüllten Teigmuscheln (große Conchiglie werden übrigens Conchiglioni genannt) pur genießen oder – ebenfalls nicht zu verachten – mit Béchamelsauce servieren, bleibt ganz Ihnen überlassen. Pinienkerne gewinnen beim Rösten einen intensiveren Geschmack. Sie können auch gleich eine größere Menge rösten und das, was Sie nicht benötigen, in einem fest verschlossenen Glas im Kühlschrank aufbewahren.

12 große muschelförmige Nudeln
Meersalz und frisch gemahlener schwarzer Pfeffer
350 g Brokkoliröschen
50 g Pinienkerne
250 g Gorgonzola mit Mascarpone (*dolcelatte*)
1 Knoblauchzehe, abgezogen und zerdrückt
1 kleine Hand voll feine Schnittlauchröllchen
Etwas natives Olivenöl extra
Frisch geriebener Parmesan zum Bestreuen

1 Die Pasta in einem großen Topf mit sprudelndem Salzwasser in etwa 10 Minuten gerade eben *al dente* kochen – sie soll noch sehr bissfest sein.

2 Inzwischen die Brokkoliröschen in etwa 8 Minuten gar dämpfen.

3 Die Pinienkerne auf einem Stück Alufolie unter dem Grill leicht rösten, dabei häufig durchmischen.

4 Brokkoli, Gorgonzola, Pinienkerne, Knoblauch und Schnittlauch in eine Schüssel füllen. Salzen und pfeffern und die Zutaten gut vermischen.

5 Die Pasta abseihen, sofort mit etwas Olivenöl beträufeln und durchmischen, damit die einzelnen Teigmuscheln nicht miteinander verkleben. Noch warm mit der Brokkoli-Gorgonzola-Mischung füllen.

6 Mit der Öffnung nach oben nebeneinander in eine große, gefettete Gratinform setzen, mit dem Parmesan bestreuen und unter dem Grill überbacken, bis die Füllung träge Blasen wirft. Heiß servieren.

Variante

Füllen Sie die Teigmuscheln zur Abwechslung mit gerösteten Paprikaschoten und Tomaten oder auch mit einer Mischung aus Schinken, Pilzen und Käse. Oder denken Sie sich selbst eine köstliche Füllung aus!

Conchiglie con Verdure Arrostite Conchiglie mit geröstetem Gemüse **Für 4 Personen**

Denkbar einfach und dabei köstlich schlicht ist die Kombination von frisch gekochter Pasta und im Ofen geröstetem Gemüse.

1 rote Paprikaschote, Samen entfernt, in gut 1 cm große Quadrate geschnitten
1 gelbe Paprikaschote, Samen entfernt, in gut 1 cm große Quadrate geschnitten
1 kleine Aubergine, grob gewürfelt
2 Zucchini, grob gewürfelt
5 EL natives Olivenöl extra
1 Hand voll glatte Petersilie, gehackt
1 TL getrockneter Oregano
Meersalz und frisch gemahlener schwarzer Pfeffer
250 g Kirschtomaten, halbiert
2 Knoblauchzehen, abgezogen und grob gehackt
350 g Conchiglie
Majoran- oder Oreganoblüten zum Garnieren (nach Belieben)

1 Den Backofen auf 190 °C vorheizen. Die Paprika-, Auberginen- und Zucchinistücke kalt abspülen, abtropfen lassen und in einen großen Bräter füllen.

2 Das Gemüse mit drei Esslöffel Olivenöl beträufeln, mit der Petersilie und dem Oregano bestreuen. Salzen und pfeffern, gründlich durchmischen und etwa 30 Minuten im Ofen rösten, dabei noch zwei- oder dreimal durchmischen.

3 Die Tomatenhälften und Knoblauchstücke unter das Gemüse mischen und alles zusammen für weitere 20 Minuten in den Ofen schieben, währenddessen wieder zwei- oder dreimal durchmischen.

4 Inzwischen die Pasta in sprudelndem Salzwasser eben *al dente* kochen – sie soll zwar gar, aber noch schön bissfest sein.

5 Abseihen und in eine vorgewärmte Schüssel füllen. Das Gemüse aus dem Ofen und zwei Esslöffel Olivenöl zufügen und alles gut vermischen.

6 In vorgewärmten Schalen anrichten, auf jede Portion nach Belieben einige Kräuterblüten streuen und heiß servieren.

Variante

Probieren Sie dieses Rezept mit im Ofen geröstetem Kürbis, wobei Sie Petersilie und Oregano durch frische Salbeiblätter ersetzen.

Rigatoni Casalinga Herzhafte Rigatoni mit Zucchini, roter Zwiebel und Gorgonzola **Für 4 Personen**

Sie haben noch Reste von durchwachsenem Speck, Schinken oder Hühnerfleisch? Nur hinein damit in dieses Gemüsegericht, das solche Fleischeinlagen gut verträgt und dadurch sogar noch gewinnt!

350 g Rigatoni oder andere Pasta nach Wahl
Meersalz und frisch gemahlener schwarzer Pfeffer
2 zarte junge Zucchini
1 rote Zwiebel, abgezogen
1 Stange Bleichsellerie
8 entsteinte Oliven
4 getrocknete Tomaten in Olivenöl, abgetropft
120 g Gorgonzola, entrindet
3 EL Olivenöl
1 Knoblauchzehe, abgezogen und zerdrückt
1 Glas trockener Weißwein
1 große Hand voll frische Basilikumblätter
Frisch geriebener Parmesan zum Servieren

1 Die Pasta in einem Topf mit sprudelndem Salzwasser *al dente* kochen.

2 Die Zucchini in feine Stifte schneiden. Zwiebel und Sellerie fein hacken, Oliven und Tomaten grob hacken und schließlich den Gorgonzola würfeln.

3 Die Zucchinistifte in wenig Wasser 2 Minuten blanchieren.

4 Das Öl in einem mittleren Topf erhitzen und die Zwiebel etwa 5 Minuten glasig dünsten. Sellerie, Knoblauch und Wein zufügen und alles 6 Minuten köcheln lassen.

5 Die Zucchinistifte, Oliven, Tomaten, Käsewürfel und Basilikumblätter dazugeben. Das Ganze salzen und pfeffern und alle Zutaten vermischen.

6 Die Pasta abseihen. Die Sauce zufügen und unterziehen. Das Gericht mit Salz und Pfeffer abschmecken und sogleich servieren. Dazu frisch geriebenen Parmesan reichen.

Consiglio Empfehlung

Sonnengetrocknete Tomaten guter Qualität erkennt man daran, dass sie nicht ledrig hart, sondern leicht saftig sind und süßlich duften. Außerdem sollten sie keine Samen mehr enthalten, da diese bitter schmecken.

Rigatoni con Aglio Arrostito, Peperoncino e Funghi

Rigatoni mit Knoblauch, Chili und Pilzen **Für 4 Personen**

Im Ofen gewinnt Knoblauch ein neues und volleres Aroma. Probieren Sie außerdem verschiedene Sorten aus, und Sie werden erstaunt sein über die feinen Geschmacksnuancen.

2 ganze Knoblauchknollen, dazu 1 Zehe, abgezogen und zerdrückt
2 EL Olivenöl und etwas mehr zum Beträufeln
1 rote Chilischote
300 g Champignons
350 g Rigatoni
150 ml Sahne
Meersalz und frisch gemahlener schwarzer Pfeffer
Frisch geriebener Parmesan zum Servieren

1 Backofen auf 200 °C vorheizen. Von den Knoblauchknollen die Spitze abschneiden, in einen Bräter setzen und mit etwas Öl beträufeln. Für 30 Minuten in den Ofen schieben, dabei nach der Hälfte der Zeit umdrehen – die Haut sollte zuletzt golden schimmern und wie feines Pergament aussehen. Leicht abkühlen lassen.

2 Die Chili von den Samen befreien und fein hacken. Die Pilze grob hacken. Das Olivenöl in einer Pfanne erhitzen und die Pilze 8 Minuten braten. Anschließend zusammen mit der Chili und der zerdrückten Knoblauchzehe noch 4 Minuten schmoren.

3 Gleichzeitig die Pasta in sprudelndem Salzwasser *al dente* – also gar, aber noch bissfest – kochen.

4 Währenddessen die gerösteten Knoblauchzehen wie Zahnpastatuben ausdrücken. Das fein-aromatische Püree unter die Pilze rühren, Sahne zugeben sowie Salz und Pfeffer nach Geschmack.

5 Die Pasta abseihen, mit der Sauce übergießen und servieren. Dazu frisch geriebenen Parmesan in einer kleinen Schüssel reichen.

Maccheroni con Broccoli in Tegame Makkaroni mit Brokkoli, Blumenkohl und Sardellen **Für 4 Personen**

Dieses Rezept aus Süditalien verspricht allerhöchste Gaumenfreuden.

175 g Blumenkohlröschen, in feine Einzelstiele geteilt
Meersalz und frisch gemahlener schwarzer Pfeffer
175 g Brokkoliröschen, in feine Einzelstiele geteilt
350 g kurze Makkaroni
3 EL Olivenöl
1 Zwiebel, abgezogen und fein gehackt
3 EL Pinienkerne
1 kräftige Prise gemahlener Safran, in 1 EL warmem Wasser aufgelöst
1 EL Rosinen (nach Belieben)
2 EL Paste von sonnengetrockneten Tomaten
4 eingelegte Sardellenfilets, gehackt, dazu weitere ganze Filets zum Garnieren (nach Belieben)

1 Den Blumenkohl in einem großen Topf mit sprudelndem Salzwasser 3 Minuten garen. Den Brokkoli zufügen und weitere 2 Minuten mitgaren. Das Gemüse mit einer Schaumkelle aus dem Wasser heben und beiseite stellen.

2 Die Pasta ins sprudelnde Gemüsekochwasser geben und *al dente* kochen.

3 Inzwischen das Olivenöl in einer großen Pfanne mit hohem Rand erhitzen. Die Zwiebel bei niedriger bis mittlerer Hitze unter häufigem Rühren 2–3 Minuten dünsten, bis sie zart gebräunt ist.

4 Die Pinienkerne, das vorgekochte Gemüse, das Safranwasser, die Rosinen (sofern verwendet), die Tomatenpaste und so viel von dem Nudelkochwasser zufügen, dass sich eine nicht zu dicke Sauce ergibt. Zuletzt großzügig pfeffern und gründlich umrühren.

5 Die Sauce 1–2 Minuten kochen lassen, dann die gehackten Sardellen untermischen.

6 Die Pasta abseihen, in die Pfanne zur Sauce geben und gründlich durchmischen. Das Ganze mit Salz und Pfeffer abschmecken.

7 Das Gericht sogleich servieren und nach Belieben jede Portion mit ein oder zwei ganzen Sardellenfilets garnieren.

Consiglio Empfehlung **Falls Sie Rosinen verwenden, bekommt es diesen gut, wenn man sie zuvor im Safranwasser quellen lässt. Eventuell werden dann allerdings zwei Esslöffel Wasser benötigt.**

Spaghetti alla Siracusana Spaghetti mit Sardellen und Oliven

Für 4 Personen

Ausgesprochen typisch für die Küche Siziliens sind die intensiven Geschmackseindrücke dieses Gerichts, das nach der großen Hafenstadt Syrakus benannt ist.

3 EL Olivenöl
1 große rote Paprikaschote, Samen entfernt, gehackt
1 kleine Aubergine, fein gehackt
1 Zwiebel, fein gehackt
8 reife Eiertomaten, enthäutet, Samen entfernt, fein gehackt
2 Knoblauchzehen, fein gehackt
125 ml trockener Rotwein
1 Hand voll Basilikumblätter, glatte Petersilie, gehackt, und Rosmarinnadeln, alles gemischt
Meersalz und frisch gemahlener schwarzer Pfeffer
350 g Spaghetti
50 g eingelegte Sardellenfilets, grob gehackt, etwas mehr zum Garnieren
12 entsteinte schwarze Oliven
Etwa 1–2 EL Kapern in Salz

1 Das Öl in einem Topf erhitzen und das fein gehackte Gemüse zusammen mit dem Knoblauch unter häufigem Rühren 10–15 Minuten sanft dünsten, bis alles gar ist.

2 Den Rotwein und 125 Milliliter Wasser zugießen. Das Ganze mit den Kräutern sowie Salz und Pfeffer nach Geschmack würzen. Einmal aufkochen und dann bei geringer Hitze 10–15 Minuten köcheln lassen, dabei ab und zu umrühren.

3 Inzwischen die Pasta in einem großen Topf mit sprudelndem Salzwasser *al dente* kochen – also eben gar, aber noch bissfest.

4 Die gehackten Sardellen, die Oliven und die Kapern in die Sauce einrühren und diese noch einige Minuten köcheln lassen. Zuletzt nochmals mit Salz und Pfeffer abschmecken.

5 Die Pasta abseihen. In einer vorgewärmten Schüssel mit der Sauce übergießen, gründlich durchmischen und – mit ganzen Sardellenfilets garniert – sofort servieren.

Chitarra con Sardine e Pane Grattati Makkaroni à la Chitarra mit Sardinen und Semmelbröseln

Für 4 Personen

Die hier verwendete Pasta sieht aus wie viereckige Spaghetti und ist typisch für die Abruzzen.

4 Sardinen, filetiert
4 EL Olivenöl
Meersalz und frisch gemahlener schwarzer Pfeffer
400 g Makkaroni à la Chitarra (siehe oben)
2 Knoblauchzehen, zerdrückt
2 gute Hand voll frische Kräuter, wie Petersilie, Basilikum, Thymian, weitere Petersilie zum Garnieren
120 g Semmelbrösel, geröstet

1 Den Grill auf mittlerer Stufe vorheizen. Die Sardinen mit zwei Esslöffel Olivenöl einpinseln, salzen und pfeffern. Von beiden Seiten 8 Minuten grillen, danach abkühlen lassen.

2 Die Pasta in sprudelndem Salzwasser *al dente* kochen.

3 Das restliche Öl in einem kleinen Topf erhitzen und den Knoblauch sanft andünsten, aber auf keinen Fall bräunen. Die Sardinen in Stücke teilen und mit den Kräutern zum Öl geben. Die abgeseihte Pasta mit dem würzigen Öl und den Semmelbröseln gründlich vermischen. In vorgewärmten Schalen anrichten, mit Petersilie bestreuen und sogleich servieren.

Pasta al Cartoccio con Tonno, Pomodoro e Patate Pasta im Pergamentpapier mit Thunfisch, Tomaten und Kartoffeln

Für 4 Personen

Meine Schwestern und ihre Kinder sind begeistert von diesem unkomplizierten Gericht, das sich im Voraus zubereiten und beliebig variieren lässt. Seit Jahrhunderten schätzen die Italiener vor allem bei Fisch das Garen in der Papierhülle als schnelle Methode, die die Nährstoffe schont und ein wundervoll intensives Aroma garantiert.

250 g Thunfischfilet, in 2 cm große Würfel geschnitten
1 Glas trockener Weißwein
2 Knoblauchzehen, abgezogen und fein gehackt
Abgeriebene Schale von 1 unbehandelten Zitrone
2 Rosmarinzweige, in kurze Abschnitte geschnitten
Meersalz und frisch gemahlener schwarzer Pfeffer
8 neue Kartoffeln, geschält und in kleine Würfel geschnitten
12 reife Eiertomaten, Samen entfernt, grob gehackt
1 Hand voll glatte Petersilie, gehackt, dazu etwas mehr zum Servieren
350 g Spaghetti
2 EL Olivenöl

1 Den Thunfisch mit Wein, Knoblauch, Zitronenschale, Rosmarin sowie etwas Salz und Pfeffer in einer Schüssel vermengen und 30 Minuten marinieren. Inzwischen den Backofen auf 200 °C vorheizen.

2 Gegen Ende der Marinierzeit die Kartoffeln in etwa 6 Minuten in kochendem Salzwasser weich garen, danach abgießen. Mit den Tomaten und der Petersilie vermengen.

3 Gleichzeitig die Spaghetti halb gar kochen (etwas mehr als die Hälfte der auf der Packung angegebenen Zeit genügt) und abseihen.

4 Das Öl in einer großen Pfanne kräftig erhitzen. Den Fisch mit der Marinade zufügen und scharf anbraten. Den Pfanneninhalt mit den Kartoffeln und Tomaten sowie den Spaghetti vermischen.

5 Das Ganze auf vier Stücke Pergamentpapier verteilen. Die Schmalseiten oben zusammenfassen. Dann erst die seitlichen Ränder jeweils doppelt so falzen, dass die Sauce nicht mehr herauslaufen kann, und schließlich das Paket oben locker, aber ebenfalls dicht verschließen.

6 Die Pakete im vorgeheizten Ofen 7 Minuten backen. Öffnen, mit weiterer Petersilie bestreuen und sogleich servieren.

Zucchini und Zucchiniblüten Benötigt werden vier junge, zarte Zucchini mit Blüten. Die Zucchini in dünne Scheiben schneiden und mit einer fein gehackten Knoblauchzehe, zwei Esslöffel trockenem Weißwein sowie etwas Salz und Pfeffer in wenig Olivenöl 3 Minuten dünsten. Jeweils eine Hand voll Petersilie und Minze zufügen, gefolgt von den in Streifen geschnittenen Blüten. Mit den Spaghetti vermischen und weiter nach dem Grundrezept verfahren.

Tomaten, Oliven, Petersilie und Knoblauch Eine Mischung aus acht reifen Eiertomaten, ohne die Samen gehackt, zwölf fruchtigen schwarzen Oliven, entsteint und gehackt, zwei Knoblauchzehen, fein gehackt, einer Hand voll glatter Petersilie, gehackt, etwas Salz und Pfeffer mit den Spaghetti in Pergamentpapier verpacken und weiter das Grundrezept befolgen.

Sardellen, Kapern und Tomaten Am besten schmecken in Salz eingelegte Kapern. Davon einen Teelöffel gründlich abspülen und fein hacken. Dazu acht Sardellenfilets in Öl, abgetropft und gehackt, acht reife Eiertomaten, ohne Samen gehackt, eine Hand voll glatte Petersilie und eine abgezogene Knoblauchzehe, beides fein gehackt. Zutaten mit Pfeffer würzen und erst miteinander, dann mit den Spaghetti vermischen. Alles in Pergamentpakete packen und weiter das Grundrezept befolgen.

Dicke Bohnen, rote Zwiebeln, Minze und Pecorino Scheiben von zwei roten Zwiebeln in wenig Butter dünsten. 450 Gramm ausgehülste Dicke Bohnen mit einer Hand voll Minze, grob gehackt, einer abgezogenen, gehackten Knoblauchzehe sowie Salz und Pfeffer mischen. Alles unter häufigem Rühren dünsten, bis die Bohnen gar sind. Abkühlen lassen, dann 100 Gramm Pecorino (möglichst vom Typ „romano") unterziehen. Alles mit den Spaghetti vermischen und in Pergament backen.

Farfalle con Pollo e Pomodorini Farfalle mit Hühnerbrüstchen und Kirschtomaten

Für 4 Personen

Sehr überzeugend ist mir dieses Gericht auch schon mit den Resten eines Truthahnbratens gelungen, die ich nur kurz aufgewärmt habe.

350 g Hühnerbrustfilets, enthäutet und in mundgerechte Stücke geschnitten
4 EL trockener italienischer Wermut
2 TL gehackter frischer Rosmarin, dazu 4 kleine frische Rosmarinzweige zum Garnieren
Meersalz und frisch gemahlener schwarzer Pfeffer
1 EL Olivenöl
1 Zwiebel, abgezogen und fein gehackt
85 g italienische Salami am Stück, gewürfelt
275 g Farfalle
1 EL Balsamico-Essig
400 g Kirschtomaten, halbiert
1 kräftige Prise rote Chiliflocken

1 Das Hühnerfleisch in einer großen Schüssel mit dem Wermut übergießen. Mit der Hälfte des gehackten Rosmarins sowie Salz und Pfeffer würzen, gründlich durchmischen und ziehen lassen.

2 Das Öl in einem großen Topf erhitzen. Die Zwiebel mit den Salamiwürfeln bei mittlerer Temperatur etwa 5 Minuten anbraten, dabei häufig rühren.

3 Inzwischen die Pasta in einem großen Topf in reichlich sprudelndem Salzwasser *al dente* kochen – das heißt gar, aber noch bissfest.

4 Das Hühnerfleisch samt der Wermutmarinade zur Zwiebel-Salami-Mischung geben. Bei hoher Temperatur unter häufigem Rühren 3 Minuten braten, bis das Fleisch ringsum eine helle Farbe angenommen hat, und zuletzt mit dem Essig beträufeln. Die Tomaten und Chiliflocken gründlich untermischen und alles zusammen noch einige Minuten köcheln lassen. Die Sauce mit Salz und Pfeffer abschmecken.

5 Die Pasta abseihen, zur Sauce geben und den restlichen gehackten Rosmarin zufügen. Alles rasch vermischen, in vorgewärmten Tellern anrichten, mit den Rosmarinzweigen garnieren und sofort servieren.

Variante

Bereiten Sie das Rezept anstatt mit Hühnerbrüstchen zur Abwechslung auch einmal mit sorgfältig gesäuberten Hühnerlebern zu.

Penne alla Rusticana Penne mit Hühnerbrüstchen, Brokkoli und Gorgonzola **Für 4 Personen**

Schnell und unkompliziert, dazu farbenfroh und köstlich im Geschmack – ein wundervolles Pastagericht.

120 g zarter Brokkoli, in feine Röschen geteilt
Meersalz und frisch gemahlener schwarzer Pfeffer
50 g Butter
2 Hühnerbrustfilets, enthäutet und in feine Streifen geschnitten
2 Knoblauchzehen, abgezogen und zerdrückt
400 g Penne
125 ml trockener Weißwein
200 ml Sahne
85 g Gorgonzola, entrindet und fein gewürfelt
Frisch geriebener Parmesan zum Servieren

1 Brokkoli in einen Topf mit sprudelndem Salzwasser geben und nach dem erneuten Aufwallen noch 2 Minuten garen. In einen Durchschlag abseihen, danach sofort kalt abschrecken, gründlich abschütteln und zum weiteren Abtropfen beiseite stellen.

2 Die Butter in einem großen Topf zerlassen. Das Hühnerfleisch mit dem Knoblauch zufügen, salzen und pfeffern und bei mittlerer Temperatur unter häufigem Rühren etwa 3 Minuten braten, bis es ringsum eine helle Farbe angenommen hat.

3 Inzwischen die Pasta in einem großen Topf in reichlich sprudelndem Salzwasser *al dente* kochen – das heißt gar, aber noch bissfest.

4 Den Wein und die Sahne zum Fleisch gießen und unter gelegentlichem Rühren etwa 5 Minuten köchelnd eindicken lassen. Die Temperatur erhöhen. Den Brokkoli unter die Sauce mischen und rühren, bis er richtig durchgewärmt ist. Die Sauce mit Salz und Pfeffer abschmecken.

5 Die Pasta abseihen und zur Sauce geben. Den Gorgonzola hinzufügen, alles gründlich vermischen und das Gericht sogleich servieren. Den Parmesan separat dazu reichen.

Variante

Noch herzhafter schmeckt das Gericht, wenn Sie zusammen mit dem Hühnerfleisch einige Scheiben Pancetta (italienischen Bauchspeck) und etwas gehackten frischen Salbei anbraten.

Eliche con Salsiccia e Radicchio Eliche mit Schweinswurst und Radicchio **Für 4 Personen**

Eliche sind mit ihrer Form, die an ein Schraubengewinde erinnert, den spiralförmigen Fusilli nicht ganz unähnlich. Das deftige Pastagericht ist in der norditalienischen Gegend um Treviso beheimatet, wo viel Radicchio angebaut wird.

2 EL Olivenöl
1 Zwiebel, abgezogen und fein gehackt
200 g *salsiccia* (italienische Schweinswurst)
175 ml pürierte Tomaten aus der Dose
6 EL trockener Weißwein
Meersalz und frisch gemahlener schwarzer Pfeffer
350 g Eliche (siehe oben)
50 g Radicchioblätter

1 Das Olivenöl in einem großen, tiefen Topf erhitzen und die Zwiebel bei niedriger Temperatur in etwa 5 Minuten weich dünsten, dabei häufig rühren.

2 Die Wurst in mundgerechte Stücke schneiden, mit der Zwiebel vermischen und von allen Seiten kräftig anbräunen, dabei bei Bedarf die Temperatur erhöhen.

3 Das Tomatenpüree untermischen. Das Ganze mit dem Wein beträufeln, salzen und pfeffern und auf kleiner Stufe unter gelegentlichem Rühren 10–12 Minuten köcheln lassen.

4 Unterdessen die Pasta in einem großen Topf in reichlich sprudelndem Salzwasser kochen, bis sie *al dente* ist – sie soll gar, aber noch bissfest sein.

5 Unmittelbar vor dem Abseihen der Pasta ein bis zwei Schöpfkellen des Kochwassers zur Wurst-Tomaten-Mischung gießen und gründlich einrühren. Die Sauce mit Salz und Pfeffer abschmecken. Den Radicchio in feine Streifen schneiden.

6 Die fertig gegarte Pasta abseihen und zur Sauce geben. Den Radicchio zufügen und die Zutaten rasch gründlich vermischen. Das Gericht sogleich servieren.

Variante

Falls Sie keine echte *salsiccia* bekommen, tut es zur Not auch eine gute, herzhaft gewürzte Bratwurst.

Bucatini alla Posillipo Bucatini mit Wurstbrät und Speck **Für 4 Personen**

Eigentlich braucht dieses rustikale Gericht, das nach einem Restaurant in Palermo benannt ist, keinen geriebenen Parmesan. Wenn Sie möchten, stellen Sie trotzdem etwas in einer kleinen Schüssel auf den Tisch.

120 g rohe Schweinsbratwurst
1 Dose (etwa 400 g) italienische Eiertomaten
1 EL Olivenöl
1 Knoblauchzehe, abgezogen und angedrückt
120 g Pancetta (italienischer Bauchspeck) oder durchwachsener Frühstücksspeck, grob gehackt
1 Hand voll glatte Petersilie, gehackt
Meersalz und frisch gemahlener schwarzer Pfeffer
400 g Bucatini (ersatzweise Spaghetti)
4–5 EL Sahne
2 Eigelbe

1 Die Wurst sorgfältig enthäuten und das Brät mit einem Messer grob zerkleinern. Die Tomaten im Mixer oder in der Küchenmaschine pürieren.

2 Das Öl in einem mittleren Topf erhitzen. Den Knoblauch bei niedriger Temperatur 1–2 Minuten dünsten, anschließend herausnehmen.

3 Das Wurstbrät und den Speck im Öl bei mittlerer Temperatur 3–4 Minuten anbraten. Dabei ständig mit einem Holzlöffel rühren und das Brät zu gröberen Krümeln zerkleinern, die schließlich kross gebräunt sein sollen.

4 Die pürierten Tomaten in den Topf gießen. Das Ganze mit der Hälfte der Petersilie sowie Salz und Pfeffer nach Geschmack würzen. Gründlich durchmischen und gleichzeitig den Bratensatz, sofern vorhanden, lösen. Die Sauce zum Kochen bringen und anschließend zugedeckt 20 Minuten köcheln lassen, dabei gelegentlich rühren. Nochmals mit Salz und Pfeffer abschmecken.

5 Die Pasta in einem großen Topf in sprudelndem Salzwasser *al dente* kochen.

6 Die Sahne mit den Eigelben salzen und pfeffern und in einer vorgewärmten großen Schüssel mit einer Gabel verquirlen. Die Pasta abseihen, gut abtropfen lassen und zügig mit der Eisahne in der Schüssel vermischen, bis sie gleichmäßig überzogen ist. Zuletzt die Fleischsauce unterziehen.

7 Das Gericht sofort in vorgewärmten Schalen servieren und zuvor noch mit der restlichen Petersilie bestreuen.

Consiglio Empfehlung **Sie sparen sich Zeit, wenn Sie gleich pürierte Tomaten aus der Dose verwenden. Eine typisch italienische Zutat ist *salsiccia à metro*, eine meterlange Wurst aus reinem Schweinefleisch, die man in beliebig langen Stücken kauft.**

Tagliatelle verdi al Sugo di Piselli Grüne Tagliatelle mit frischen Erbsen

Für 4 Personen

Grüne – also mit Spinat hergestellte – Pasta ist vor allem in Norditalien beliebt. Anstelle der Tagliatelle können Sie in diesem Fall genauso gut Farfalle verwenden.

1 EL Olivenöl
5–6 Scheiben durchwachsener Frühstücksspeck, Fettrand entfernt, in Streifen geschnitten
1 Dose (etwa 400 g) italienische Eiertomaten, gehackt
Meersalz und frisch gemahlener schwarzer Pfeffer
350 g grüne Tagliatelle
250 g ausgehülste frische Erbsen (ersatzweise Tiefkühlware)
50 g Mascarpone
Einige frische Basilikumblätter, zerpflückt, dazu ganze Blätter zum Garnieren
Frisch geriebener Parmesan

1 Das Öl in einem mittleren Topf erhitzen. Den Speck bei niedriger Temperatur 5–7 Minuten unter häufigem Rühren auslassen.

2 Die Tomaten mit vier Esslöffel Wasser sowie Salz und Pfeffer nach Geschmack aufkochen lassen und anschließend bei geringer Hitze zugedeckt etwa 15 Minuten köcheln lassen, dabei ab und zu umrühren.

3 Gleichzeitig die Pasta in sprudelndem Salzwasser kochen, bis sie *al dente* ist, also gar, aber noch schön bissfest.

4 Die Erbsen in die Tomatensauce einrühren und – nachdem diese erneut aufgekocht ist – zugedeckt 5–8 Minuten garen, bis sie schön zart sind und die Sauce ziemlich stark eingedickt ist. Mit Salz und Pfeffer abschmecken.

5 Den Topf vom Herd nehmen, den Mascarpone und das zerpflückte Basilikum gründlich einrühren und die Sauce zugedeckt kurz ruhen lassen.

6 Die Pasta abseihen, rasch in eine vorgewärmte Schüssel füllen und mit der Sauce übergießen.

7 Gründlich durchmischen und – mit ganzen Basilikumblättern garniert – sofort servieren. Dazu frisch geriebenen Parmesan reichen.

Consiglio Empfehlung

Wenn Sie das Gericht – wie ansonsten eher üblich – mit heller Pasta zubereiten, vereint es die drei Farben der italienischen Flagge: Rot, Weiß und Grün.

5

leggero e sano

leicht und gesund

Pasta beinhaltet einen hohen Anteil an komplexen Kohlenhydraten, ohne den Körper mit viel Fett zu belasten. Das erledigen höchstens gewisse Saucen, die aber doch immerhin in der Mehrzahl mit gesundem Olivenöl zubereitet werden. Wenn Sie sich und ihrem Körper etwas besonders Gutes tun möchten, können Sie - wie bei den Rezepten in diesem Kapitel der Fall - bewusst Nahrungsmittel verwenden, die den Organismus mit so genannten sekundären Pflanzenstoffen wirksam unterstützen. Hierzu zählen beispielsweise Brokkoli und - inzwischen hinlänglich bekannt - Tomaten, die beide das Krebsrisiko und die Gefahr von Herzerkrankungen mindern.

Spaghetti con Pomodorini Spaghetti mit Kirschtomaten **Für 2 Personen**

Vielleicht ist es ja kein Zufall, dass Tomaten die Grundlage zahlreicher Pastasaucen bilden. Wie man inzwischen weiß, bietet das in ihnen reichlich enthaltene Lycopen einen guten Schutz gegen Herzkrankheiten und diverse Krebsarten, und zwar vor allem dann, wenn die Früchte gekocht werden. Besonders aromatisch schmecken natürlich in der italienischen Sonne gereifte Tomaten.

450 g Kirschtomaten
3 große Knoblauchzehen, abgezogen und in feine Scheiben geschnitten
Meersalz und frisch gemahlener schwarzer Pfeffer
200 g Spaghetti
1 kleine scharfe Chilischote, Samen entfernt, gehackt (nach Belieben)
1 EL Olivenöl für die Chilischote (sofern verwendet)
1 Hand voll frische Basilikumblätter, zerpflückt
2 EL natives Olivenöl extra
Frisch geriebener Parmesan zum Servieren

1 Den Backofen auf 150 °C vorheizen. Tomaten halbieren, mit der Schnittfläche nach oben auf ein Backblech legen. Darauf die Knoblauchscheiben verteilen und die Tomaten zuletzt fein mit Salz bestreuen. Für 1 1/4 Stunden in den Ofen schieben, bis sie etwas eingetrocknet, aber innen noch weich sind.

2 Die Spaghetti in sprudelndem Salzwasser *al dente* kochen. Die Chili, sofern verwendet, in Olivenöl anbraten, bis sie etwas dunkel anläuft, dann sofort vom Herd nehmen, beiseite stellen und die Chilischote entfernen.

3 Die Pasta abseihen. In einer Schüssel mit den Tomaten, den Basilikumblättern, dem Olivenöl und eventuell dem Chiliöl sowie Salz und Pfeffer nach Geschmack vermischen. Mit dem Parmesan bestreuen und servieren.

Consiglio Empfehlung **Die köstliche Essenz, die unten in der Schüssel verbleibt, nachdem die Pasta schon verteilt ist, sollten Sie sich nicht entgehen lassen und zum Schluss über beiden Portionen gerecht verteilen.**

Penne con Pomodori Gratinati Penne mit gratinierten Tomaten **Für 4 Personen**

Mit seinem fruchtbaren vulkanischen Boden, der kraftvollen Sonne und dem generell milden Klima verfügt Kampanien über beste Voraussetzungen für einen erfolgreichen Obst- und Gemüseanbau. Die landwirtschaftlichen Erzeugnisse der süditalienischen Region stehen nicht nur bei den Einheimischen hoch im Kurs. In aller Welt überaus begehrt ist die San Marzano, eine fleischige Kochtomate von einzigartigem Geschmack. Als Sorte, die es wirklich in sich hat, empfehle ich sie auch immer wieder bei meinen Kursen.

3 EL Olivenöl
125 g Kapern in Salz
2 mittelgroße Knoblauchzehen, abgezogen
16 große Eiertomaten, längs halbiert, Samen und Scheidewände entfernt
25 g Semmelbrösel
350 g Penne
Meersalz und frisch gemahlener schwarzer Pfeffer
2 EL natives Olivenöl mit intensiv fruchtigem Aroma
1 Hand voll frische Basilikumblätter, zerpflückt
Frisch geriebener Parmesan zum Servieren

1 Den Backofen auf 150 °C vorheizen und zwei Auflaufformen von etwa 33 x 23 Zentimeter Größe mit etwas Olivenöl ausstreichen.

2 Die Kapern dreimal in Folge mit frischem kaltem Wasser abbrausen und wieder abseihen, um das Salz abzuspülen. Abtropfen lassen und mit Küchenpapier trockentupfen.

3 Kapern und Knoblauch auf einem Schneidbrett zusammen fein hacken.

4 Die Tomaten mit der Schnittfläche nach oben in die Auflaufformen legen. Mit der Kapernmischung bestreuen, mit dem restlichen Olivenöl beträufeln und zuletzt die Semmelbrösel darüber streuen. Die Auflaufformen für 45 Minuten in den Ofen schieben – die Tomaten sollen zuletzt ganz weich, aber noch nicht aus der Form gegangen sein.

5 Die Penne in sprudelndem Salzwasser etwa 10 Minuten kochen, bis sie *al dente*, das heißt gar, aber noch schön bissfest sind. Abseihen und in eine große, vorgewärmte Servierschüssel füllen. Die Tomaten mit einem Löffel darauf verteilen. Das Gericht mit dem Olivenöl beträufeln, noch etwas Pfeffer darüber mahlen und das Basilikum darüber streuen.

6 In vorgewärmten Schalen anrichten und sogleich servieren. Frisch geriebenen Parmesan in einer kleinen Schüssel separat dazu reichen.

Variante

Eine kleine Dose Sardellenfilets bildet eine pikante Alternative zu den Kapern. Ob in der einen oder anderen Version – eine Chilischote, ohne die Samen gehackt, gibt dem Gericht in beiden Fällen noch mehr Pep.

Penne con Salsa di Melanzane Penne mit Auberginen-Tomaten-Sauce

Für 4 Personen

1 mittelgroße Aubergine
Meersalz und frisch gemahlener schwarzer Pfeffer
3 EL Olivenöl
4 EL trockener Rotwein
1 kleine Zwiebel, abgezogen und fein gehackt
1 Dose (etwa 400 g) Tomaten, gehackt
1 Knoblauchzehe, abgezogen und zerdrückt
350 g Penne
2 EL Crème double
1 EL fein gehackter frischer Oregano
Frisch geriebener Parmesan zum Servieren (nach Belieben)

1 Die Aubergine in mittelgroße Würfel schneiden und salzen. In eine Schüssel füllen, zudecken und – mit einem Gewicht beschwert – 15 Minuten ruhen lassen. Dabei werden der Aubergine erstens die in älteren Exemplaren häufiger enthaltenen Bitterstoffe entzogen und zweitens die Zellstrukturen aufgebrochen, so dass die Früchte bei der Zubereitung weniger Öl aufsaugen.

2 Würfel abspülen und trockentupfen. Das Öl in einer Pfanne erhitzen und die Aubergine in 5 Minuten goldbraun braten. Mit dem Wein beträufeln und noch 15 Minuten sanft dünsten.

3 Zwiebel und Tomaten untermischen. Alles einmal aufkochen und dann 10 Minuten köcheln lassen, dabei gleich zu Anfang den Knoblauch zufügen. Parallel die Pasta in sprudelndem Salzwasser *al dente* kochen.

4 Vor dem Servieren die Crème double und den Oregano in die Sauce einrühren. Die Pasta abseihen, mit der Sauce vermischen und gleich servieren. Nach Belieben Parmesan dazu reichen.

Garganelli con Verdure di Stagione Garganelli mit Frühlingsgemüse

Für 4 Personen

3 EL Olivenöl
2 mittelgroße Möhren, gewürfelt
1 Stange Bleichsellerie, gewürfelt
1 kleine rote Zwiebel, gehackt
2 kleine Zucchini, gewürfelt
120 g ausgehülste frische Erbsen
1 Knoblauchzehe, abgezogen und zerdrückt
2 reife Tomaten, gewürfelt
1 TL frische Thymianblättchen
1 Hand voll frische Basilikumblätter, zerpflückt
1 Hand voll glatte Petersilie, gehackt
Meersalz und frisch gemahlener schwarzer Pfeffer
350 g Garganelli (siehe Seite 138)
2 EL Crème double
Frisch geriebener Parmesan

1 Das Öl in einer Pfanne mit hohem Rand erhitzen. Möhren, Sellerie, Zwiebel, Zucchini und Erbsen mit dem Knoblauch zufügen und bei niedriger Temperatur unter häufigem Rühren etwa 10 Minuten dünsten, bis das gesamte Gemüse gar ist.

2 Die Tomaten untermischen und das Ganze zugedeckt bei geringer Hitze noch etwa 6 Minuten schmoren. Die Sauce zuletzt mit den Kräutern würzen und nach Geschmack salzen und pfeffern.

3 Die Garganelli in einem großen Topf mit sprudelndem Salzwasser in 7–10 Minuten *al dente* kochen – sie sollen also gar, aber noch bissfest sein.

4 Die abgeseihte Pasta unter die Gemüsesauce mischen. Das Gericht noch mit der Crème double und Parmesan nach Geschmack verfeinern und sogleich servieren.

Conchiglie con Salsa di Finocchio e Pomodoro

Conchiglie mit Fenchel-Tomaten-Sauce

Für 4 Personen

Fenchel wird eine reinigende Wirkung nachgesagt, von der vor allem die Leber profitieren soll.

2 mittelgroße Fenchelknollen
3 EL Olivenöl
1 Knoblauchzehe
1 Dose (etwa 400 g) Tomaten, gehackt
Abgeriebene Schale von 1 unbehandelten Zitrone
1 Hand voll frische Minze, gehackt
350 g Conchiglie
Meersalz und frisch gemahlener schwarzer Pfeffer
Frisch geriebener Parmesan zum Servieren

1 Den Backofen auf 200 °C vorheizen.

2 Vom Fenchel die harten äußeren Schuppenblätter entfernen, den festen Kern herausschneiden und die Knollen gründlich waschen. Längs in Spalten teilen und in sprudelndem Wasser in 7–8 Minuten weich kochen. In einem Bräter mit einem Esslöffel Olivenöl beträufeln und in 15 Minuten im vorgeheizten Ofen goldgelb rösten.

3 Unterdessen das restliche Olivenöl erhitzen, den Knoblauch abziehen, zerdrücken und langsam im Öl weich dünsten. Die Tomaten mit der Zitronenschale und der Minze zufügen und 25 Minuten sanft garen.

4 Etwa 10 Minuten vor Ablauf dieser Zeit die Conchiglie in reichlich sprudelndes Salzwasser geben und kochen, bis sie *al dente* – also richtig gar, aber bissfest – sind.

5 Den gerösteten Fenchel klein hacken und in die Tomatensauce mischen, kräftig salzen und pfeffern. Die Sauce nochmals langsam richtig aufwärmen.

6 Die Pasta abseihen, mit der Sauce vermischen und mit reichlich frisch geriebenem Parmesan heiß servieren.

Spaghetti con Castagne e Salvia Spaghetti mit Esskastanien und Salbei

Für 4 Personen

500 g möglichst frische Esskastanien, unten kreuzweise eingeritzt
2 EL Olivenöl
250 g Tomaten aus der Dose, gehackt
2 Knoblauchzehen, abgezogen und grob gehackt
1 Hand voll glatte Petersilie, gehackt
1 große Hand voll Salbei, grob gehackt
Meersalz und frisch gemahlener schwarzer Pfeffer
350 g Spaghetti
Frisch geriebener Parmesan zum Servieren (nach Belieben)

1 Backofen auf 200 °C vorheizen. Die Esskastanien in einem mittleren Topf mit Wasser bedecken und sprudelnd erhitzen. 10 Minuten kochen, danach abseihen und auf einem Backblech 35 Minuten im Ofen rösten. Abkühlen lassen, schälen und hacken.

2 Das Olivenöl in einem mittleren Topf erhitzen. Die Tomaten mit dem Knoblauch, der Petersilie und dem Salbei zugedeckt 15 Minuten bei geringer Hitze schmoren. Die Esskastanien mit etwas Salz und Pfeffer zufügen und alles noch 10 Minuten köcheln lassen. Die Sauce zum Schluss nochmals abschmecken.

3 Gleichzeitig die Pasta in einem großen Topf mit sprudelndem Salzwasser *al dente* kochen – sie soll also richtig gar sein, aber noch Biss haben.

4 Die Pasta abseihen und die Sauce gründlich unterziehen. Sogleich servieren und dazu nach Belieben geriebenen Parmesan reichen.

Pasta Vesuvio Feurige Fettuccine

Für 2 Personen

Wie der italienische Name verspricht, wird Ihrem Gaumen hier kräftig „eingeheizt". Die Pasta schmeckt aber genauso gut ohne die Chilischoten. Cremiger wird die Sauce mit Sahne, originalgetreu mit Mascarpone.

4 Tomaten, 200 g Fettuccine
Meersalz und frisch gemahlener schwarzer Pfeffer
25 g entsteinte schwarze oder grüne Oliven
25 g Kapern, gründlich abgespült
1 EL Olivenöl
1 Knoblauchzehe, abgezogen und zerdrückt
2 getrocknete Chilischoten, Samen entfernt, gehackt
1 Hand voll glatte Petersilie, fein gehackt, dazu ganze Stängel zum Garnieren
1 Hand voll Minze, fein gehackt, dazu ganze Stängel zum Garnieren
2 EL Mascarpone oder Sahne
2 TL frisch geriebener Parmesan

1 Die Tomaten in einer Schüssel mit kochendem Wasser bedecken. Nach etwa 40 Sekunden abgießen und kalt abschrecken. Mit einem scharfen Messer häuten und das Fruchtfleisch hacken, dabei die Samen entfernen.

2 Die Fettuccine in einem großen Topf mit sprudelndem Salzwasser in 10 Minuten eben *al dente* – also gar, aber noch ziemlich bissfest – kochen.

3 Die Oliven und Kapern fein hacken. Das Öl in einem Topf erhitzen und den Knoblauch weich dünsten. Oliven, Kapern, Tomaten, Chili, Petersilie und Minze zufügen und alles zusammen etwa 5 Minuten sanft dünsten. Mascarpone oder Sahne sowie Salz und Pfeffer nach Geschmack einrühren.

4 Pasta abseihen und im Topf mit der Sauce und dem Parmesan vermischen. Vor dem Servieren mit frischen Minze- und Petersilienstängeln garnieren.

Consiglio Empfehlung

Sollten bei einem besonderen Anlass die Kalorien in den Hintergrund rücken, verfeinern Sie die Sauce am Ende von Schritt 3 doch mit etwas Crème double.

Trenette alla Genovese Trenette mit Pesto, grünen Bohnen und Kartoffeln **Für 2 Personen**

Traditionsgemäß isst man Pesto in Ligurien nicht allein mit Pasta, sondern zusätzlich mit grünen Bohnen und Kartoffeln. Dank dieser sättigenden Zutaten braucht man weniger von der Basilikumsauce, die in der Herstellung nicht ganz billig ist (die Sparsamkeit der Genuesen ist sprichwörtlich).

2 Kartoffeln (insgesamt etwa 250 g)
100 g grüne Bohnen
Meersalz und frisch gemahlener schwarzer Pfeffer
350 g getrocknete Trenette (siehe Consiglio – Empfehlung)

FÜR DAS PESTO
1 sehr große Hand voll frische Basilikumblätter
2 Knoblauchzehen, abgezogen und in feine Scheiben geschnitten
1 1/2 EL Pinienkerne
3 EL frisch geriebener Parmesan, dazu etwas mehr zum Servieren
2 EL frisch geriebener Pecorino, dazu etwas mehr zum Servieren
4 EL natives Olivenöl extra
1 Prise Salz

1 Für das Pesto Basilikum, Knoblauch, Pinienkerne, Parmesan und Pecorino im Mixer oder in der Küchenmaschine etwa 5 Sekunden fein zerkleinern. Die Hälfte des Öls und das Salz zufügen und nochmals für etwa 5 Sekunden mixen. Deckel abnehmen, Mischung vom Glasrand herunterschaben und das restliche Öl in 5–10 Sekunden untermixen.

2 Kartoffeln schälen, längs halbieren und quer in fünf Millimeter dicke Scheiben schneiden. Bohnen in zwei Zentimeter lange Stücke schneiden. Das Gemüse in einen großen Topf mit sprudelndem Salzwasser geben und ohne Deckel 5 Minuten kochen.

3 Die Pasta zufügen und nach dem erneuten Aufwallen des Wasser 5–7 Minuten kochen, bis sie *al dente*, also noch bissfest, ist. Dabei gelegentlich rühren.

4 Unterdessen das Pesto in eine große Schüssel füllen und mit drei bis vier Esslöffel des Kochwassers verrühren.

5 Pasta und Gemüse abseihen, zum Pesto geben und gründlich durchmischen. Auf vorgewärmten Tellern sogleich servieren und dazu weiteren Parmesan und Pecorino reichen.

Consiglio Empfehlung

Wenn die Kartoffeln beim Kochen zerfallen, macht das gar nichts. Vielmehr wird das Gericht dadurch schön sämig.

Das Pesto lässt sich ohne weiteres 2–3 Tage im Voraus zubereiten, wenn Sie es dann im Kühlschrank aufbewahren. Dafür die Sauce in eine Schüssel füllen, die Oberfläche glatt streichen und dünn mit Olivenöl bedecken. Die Schüssel mit Klarsichtfolie verschließen.

Trenette (gewellte Bandnudeln) sind zwar in Ligurien die klassische Pasta für dieses Gericht, außerhalb Italiens aber nicht immer einfach zu bekommen. Als Alternativen empfehlen sich Bavette, Linguine oder auch *paglia e fieno* (übersetzt: Stroh und Heu), eine Mischung aus grünen und weißen Bandnudeln.

Pasta con Calabrese Pasta mit Brokkoli **Für 2 Personen**

Aus Kalabrien, also von der Spitze des italienischen Stiefels, kommt hervorragender Brokkoli. Für dieses Rezept habe ich Brokkoli mit Pasta und knusprigen Semmelbröseln kombiniert. Dafür reibt man trockenes Brot vom Vortag und röstet die Brösel im vorgeheizten Backofen bei 190 °C etwa 10 Minuten, bis sie zart gebräunt sind. Währenddessen werden sie häufig durchgemischt.

200 g Ditali (kurze Röhrennudeln)
Meersalz und frisch gemahlener schwarzer Pfeffer
375 g Brokkoli
3–4 Lorbeerblätter
50 g entsteinte grüne Oliven
2 EL Olivenöl
1 Knoblauchzehe, abgezogen und fein gehackt
50 g gemahlene Mandeln
3 EL frisch geröstete Semmelbrösel (siehe oben)
Natives Olivenöl extra zum Servieren
Frisch geriebener Parmesan zum Servieren

1 Die Pasta in einem großen Topf mit sprudelndem Salzwasser in etwa 10 Minuten *al dente* kochen – das heißt, sie soll gar, aber noch bissfest sein. Inzwischen den Brokkoli in einzelne Röschen teilen und diese mit den Lorbeerblättern und etwas Wasser in etwa 6 Minuten gar dämpfen.

2 Die Oliven fein hacken. Das Öl mit dem Knoblauch in einer großen Pfanne erhitzen. Die Oliven und die gemahlenen Mandeln zufügen und das Ganze sehr sanft erwärmen, dabei einen Esslöffel Wasser einrühren.

3 Die Pasta abseihen, zusammen mit dem Brokkoli zur Olivenmischung in die Pfanne geben, mit Semmelbröseln bestreuen und alles gründlich vermischen. Mit etwas gutem Olivenöl beträufeln und servieren, dazu frisch geriebenen Parmesan reichen.

Consiglio Empfehlung **Brokkoli ist so gesund wie vermutlich kaum ein anderes Gemüse. Neben reichlich Ballaststoffen liefert er viel Betakarotin (Provitamin A) und Vitamin C – beides Antioxidanzien, die Herz- und Krebserkrankungen entgegenwirken – sowie Glukosinolate, sekundäre Pflanzenstoffe mit immunstärkenden und ebenfalls krebsvorbeugenden Eigenschaften. Frischer Lorbeer gibt mehr Aroma und Geschmack, wenn man die Blätter zerreißt.**

Orecchiette con Rucola Orecchiette mit Rucola Für 4 Personen

Im Südosten Italiens, genauer in Apulien, schätzt man dieses pikant-würzige Gericht.

3 EL Olivenöl
1 kleine Zwiebel, abgezogen und fein gehackt
350 g Tomaten aus der Dose, gehackt oder püriert
1/2 TL getrockneter Oregano
1 Prise rote Chiliflocken
Etwa 2 EL trockener Weißwein (nach Belieben)
Meersalz und frisch gemahlener schwarzer Pfeffer
350 g Orecchiette
2 Knoblauchzehen, abgezogen und fein gehackt
150 g Rucola, entstielt und Blätter in Streifen geschnitten
45 g Ricotta
Frisch geriebener Pecorino zum Servieren

1 In einem mittleren Topf einen Esslöffel Olivenöl erhitzen und die Hälfte der Zwiebel unter häufigem Rühren etwa 5 Minuten glasig dünsten. Die Tomaten mit dem Oregano und den Chiliflocken zufügen, den Wein einrühren, sofern verwendet, und alles leicht salzen und pfeffern. Zugedeckt etwa 15 Minuten köcheln lassen und dabei gelegentlich durchmischen.

2 Unterdessen die Pasta in einem großen Topf mit sprudelndem Salzwasser etwa 15 Minuten kochen, bis sie *al dente* ist.

3 In einem großen Topf zwei Esslöffel Olivenöl erhitzen. Den Rest der Zwiebel und den Knoblauch 2–3 Minuten dünsten, dabei ab und zu rühren. Die Rucola zufügen und etwa 2 Minuten rühren, bis sie zusammenfällt. Anschließend die Tomatensauce und den Ricotta gründlich untermischen.

4 Die Pasta abseihen, zur Sauce geben und alles gut vermischen. Mit Salz und Pfeffer abschmecken und sogleich in vorgewärmten Schalen servieren. Dazu den Pecorino in einer Schüssel reichen.

Gemischte Kräuter

Jeweils eine kleine Hand voll Petersilie, Basilikum, Thymian, Rosmarin, Salbei, Oregano und Majoran zusammen fein hacken. Diese Mischung wird anstelle der Rucola verwendet, den getrockneten Oregano lassen Sie weg.

Sonnengetrocknete Tomaten und Radicchio

Zehn sonnengetrocknete Tomaten in Öl, abgetropft, und einen großen Kopf Radicchio in feine Streifen schneiden. Beides anstelle der Rucola in die Sauce mischen.

Zarter Spinat und Blauschimmelkäse

Ersetzen Sie die Rucola durch 200 Gramm Gorgonzola piccante, fein gewürfelt, sowie etwa 350 Gramm zarte Spinatblätter, und lassen Sie den Ricotta weg.

Aubergine

Eine große Aubergine in kleinere Würfel schneiden, salzen und entbittern, wie auf Seite 87 beschrieben. Sie ersetzt die Rucola im Grundrezept.

Linguine con Vongole e Cime di Rape Linguine mit Venusmuscheln und Stängelkohl

Für 4 Personen

Der einfache Stängelkohl ist in Italien als *cime di rape* seit langem schon geschätzt, und auch nördlich der Alpen wächst inzwischen seine Anhängerschaft. Wenn Sie das Original nicht finden, halten Sie Ausschau nach Stielmus, das neuerdings immer häufiger auf Bauernmärkten auftaucht. Als Ersatz bieten sich außerdem Mangold oder Spinat an. Bei Linguine handelt es sich um Pasta aus Hartweizengrieß, die aussieht wie abgeplattete Spaghetti.

625 g Venusmuscheln (*vongole*)
Etwas Weizenmehl
2 EL Olivenöl
2 Stangen Lauch, in Scheiben geschnitten
2 frische Lorbeerblätter
1 Knoblauchzehe, abgezogen und zerdrückt
200 ml trockener Weißwein
Meersalz und frisch gemahlener schwarzer Pfeffer
350 g Linguine (siehe oben)
350 g *cime di rape* (siehe oben), fein gehackt
3 EL grob gehackte glatte Petersilie

1 Die Muscheln werden bis zur Verwendung in Wasser aufbewahrt, das sie vollständig bedecken muss und mit etwas Mehl angereichert wird (dadurch werden sie schön prall und außerdem gereinigt). Exemplare, die sich bei Berührung nicht schließen, sortieren Sie aus.

2 Das Öl in einem großen Topf erhitzen und den Lauch mit den Lorbeerblättern bei hoher Temperatur braten, bis er etwas Farbe annimmt. Knoblauch, Wein, Salz und Pfeffer nach Geschmack und die abgegossenen Muscheln zufügen. Das Ganze zugedeckt bei mittlerer bis hoher Temperatur etwa 6 Minuten kochen, bis sich die Muscheln geöffnet haben (geschlossene Exemplare aussortieren).

3 Inzwischen die Linguine in einem großen Topf mit sprudelndem Salzwasser *al dente* – also gar, aber noch bissfest – kochen und danach abseihen.

4 Die *cime di rape* bzw. das an ihrer Stelle verwendete Gemüse in den Topf mit den Muscheln einrühren. Anschließend die abgeseihte Pasta und die Petersilie gründlich untermischen. Das Gericht abschmecken und sofort servieren.

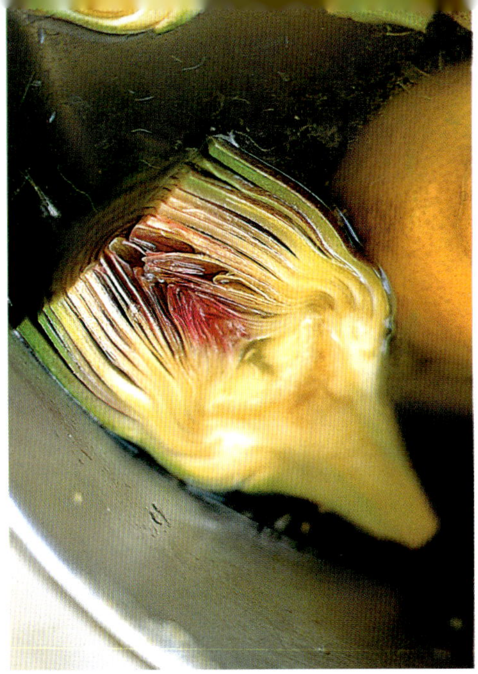

Penne ai Gamberi e Carciofi Penne mit Garnelen und Artischocken

Für 4 Personen

Nehmen Sie sich dieses Rezept im späten Frühjahr oder Frühsommer vor, wenn die violett getönten jungen, zarten Artischocken auf den Märkten auftauchen. Ich mag Artischocken sehr, weil sie wundervoll schmecken und außerdem die Leber reinigen. Diese ist den Italienern sehr wichtig, denn sie halten sie für das „Glücksorgan".

Saft von 1 Zitrone
4 junge, zarte, runde Artischocken
3 EL Olivenöl
2 Knoblauchzehen, abgezogen und zerdrückt
1 Hand voll frische Minze, gehackt
1 Hand voll glatte Petersilie, gehackt
Meersalz und frisch gemahlener schwarzer Pfeffer
350 g Penne
16 gekochte Riesengarnelen (möglichst mit Schwanzpanzer)
2 EL natives Olivenöl extra mit fruchtigem Aroma

1 Einen Topf mit kaltem Wasser bereitstellen, das Sie mit dem Zitronensaft gesäuert haben. Die Stiele der Artischocken, sofern vorhanden, kappen und die Blattspitzen ebenfalls abschneiden. Harte oder verfärbte Hüllblätter entfernen. Die Artischocken längs vierteln und das Heu aus der Mitte entfernen. Die fertig vorbereiteten Stücke sofort in das Zitronenwasser legen, damit sie nicht dunkel anlaufen. Einmal aufkochen und dann etwa 10 Minuten sanft köcheln lassen. Danach abseihen und trockentupfen.

2 Das Olivenöl in einer beschichteten Pfanne erhitzen. Die Artischocken mit dem Knoblauch sowie der Hälfte der Minze und der Petersilie zufügen, großzügig salzen und pfeffern sowie bei geringer Hitze in 3–4 Minuten eben gar dünsten, dabei häufig umrühren.

3 Gleichzeitig die Pasta in einem großen Topf mit sprudelndem Salzwasser *al dente* kochen – sie soll gar sein, aber noch Biss haben.

4 Die Garnelen unter die Artischocken mischen und 2 Minuten sanft mit erwärmen.

5 Die Pasta abseihen und in einer Schüssel erst mit dem Olivenöl, dann mit dem Pfanneninhalt gut vermischen.

6 Das Gericht mit dem Rest der Minze und der Petersilie bestreuen und sogleich servieren.

Orecchiette con Acciughe e Broccoli Orecchiette mit Sardellen und Brokkoli **Für 4 Personen**

Mit seinen aromaintensiven Zutaten ist dieses Gericht typisch für die Küche Süditaliens, speziell für Apulien und Sizilien. Dort werden Sardellen, Pinienkerne, Pecorino und natürlich Knoblauch viel verwendet. Stellen Sie dazu knuspriges Brot zum Auftunken der restlichen Sauce auf den Tisch.

350 g Brokkoliröschen
Meersalz und frisch gemahlener schwarzer Pfeffer
25 g Pinienkerne
350 g Orecchiette (siehe unten)
2 EL Olivenöl
1 kleine rote Zwiebel, abgezogen und in feine Scheiben geschnitten
1 Dose (etwa 50 g) Sardellenfilets in Olivenöl, abgetropft
1 Knoblauchzehe, abgezogen und zerdrückt
25 g frisch geriebener Pecorino

1 Die Brokkoliröschen in feine Einzelsprosse teilen, die Stiele abschneiden, größere Exemplare hacken oder in Scheiben schneiden. Die Köpfe und Stiele in einem Topf mit sprudelndem Salzwasser 2 Minuten garen. Abseihen, mit kaltem Wasser abschrecken und auf Küchenpapier abtropfen lassen.

2 Die Pinienkerne in einer beschichteten Pfanne ohne Fett bei geringer Hitze 1–2 Minuten leicht rösten. Herausnehmen und beiseite legen.

3 Die Pasta in einem großen Topf mit sprudelndem Salzwasser *al dente* kochen – also gar, aber noch bissfest.

4 Inzwischen das Öl in einer Pfanne erhitzen und die Zwiebel unter häufigem Rühren in etwa 5 Minuten weich dünsten. Die Sardellen und anschließend den Knoblauch zufügen und alles bei mittlerer Temperatur braten, bis die Sardellen zu einer Paste zerfallen. Den Brokkoli dazugeben, reichlich pfeffern und 1–2 Minuten in der Sauce schwenken, bis er richtig heiß ist. Die Sauce abschmecken.

5 Die fertig gegarte Pasta abseihen. In einer vorgewärmten Schüssel mit der Sauce und dem Pecorino gründlich vermischen, zuletzt die Pinienkerne darüber streuen. Das Gericht in vorgewärmten Schalen sofort servieren.

Variante

Manchmal gebe ich zusätzlich vier frische, gewürfelte Tomaten zur Sauce. Gut passen zu den Orecchiette auch vorgekochte Borlotti-Bohnen mit gehackter Petersilie.

Consiglio Empfehlung

Orecchiette (übersetzt: kleine Ohren) sind eine kernige Pastaspezialität aus Apulien. Sollten Sie sie selbst in italienischen Delikatessengeschäften nicht finden, weichen Sie auf Conchiglie aus.

Bucatini alle Sarde e Finocchio Bucatini mit Sardinen, Fenchelgrün und knusprigen Bröseln **Für 4 Personen**

Seine süditalienische Herkunft kann dieses Gericht nicht verbergen.

375 g Bucatini

FÜR DIE SAUCE
1 Zwiebel, abgezogen und fein gehackt
2 Knoblauchzehen, abgezogen und zerdrückt
3 EL Olivenöl
1 große Hand voll Fenchelgrün (siehe unten), fein gehackt
1 Dose (etwa 400 g) Tomaten, gehackt
1 TL Korinthen
100 g Pinienkerne
1 TL Chiliflocken
Meersalz
500 g frische filetierte Sardinen, abgespült

FÜR DIE KNUSPRIGEN BRÖSEL
100 g sehr fein zerpflückte Weißbrotkrume
2 EL Olivenöl
4 reife Tomaten, Samen entfernt, das Fruchtfleisch gehackt
1 Knoblauchzehe, abgezogen und zerdrückt
Meersalz
1 Prise Chiliflocken
1 gute Hand voll glatte Petersilie, Blätter gehackt

1 Für die Sauce die Zwiebel mit dem Knoblauch im Olivenöl andünsten. Fenchelgrün, Tomaten, Korinthen, Pinienkerne und Chiliflocken zufügen. Das Ganze leicht salzen und 30 Minuten köcheln lassen, dabei gelegentlich durchmischen.

2 Die Sardinenfilets in die Sauce legen und 12 Minuten garen – wenn sie dabei zerfallen, ist das kein Problem, sondern genau richtig.

3 Inzwischen für die knusprigen Brösel das zerpflückte Brot in einer Pfanne rösten. Dabei das Olivenöl, die Tomaten, den Knoblauch, etwas Salz und die Chiliflocken untermischen und ständig rühren, so dass die Brösel nicht verbrennen – sie sollen zuletzt eine appetitlich goldbraune Farbe annehmen und schön knusprig sein. Die Petersilie darüber streuen.

4 Die Pasta in einem großen Topf mit sprudelndem Salzwasser *al dente* – also gar, aber noch bissfest – kochen. Abseihen und dabei eine Schöpfkelle des Kochwassers auffangen.

5 Die Hälfte der Sauce in den Topf gießen. Die Pasta untermischen, bis sie gleichmäßig überzogen ist. In eine Servierschüssel umfüllen und mit der restlichen Sauce bedecken, dabei zum Verlängern nach Bedarf noch das aufgefangene Kochwasser zufügen. Zuletzt die knusprigen Brösel darüber streuen und das Gericht sofort servieren.

Variante

Falls Sie keine Fenchelknollen mit entsprechend viel Grün auftreiben können, nehmen Sie stattdessen etwas frischen Dill. Mit Sardinen aus der Dose gerät das Gericht sicher nicht so überzeugend wie mit frischen Sardinenfilets, trotzdem ist es als schnelles Abendessen nicht zu verachten.

Consiglio Empfehlung Für Abwechslung sorgen größere, geröstete Stücke von Zucchini, Paprikaschoten oder Auberginen anstelle der Kalmare und Erbsen oder auch Hackfleischsauce statt der Tomatensauce.

Pasticciata con Calamari e Piselli

Überbackene Pasta mit Kalmaren und Erbsen

Für 4–6 Personen

Ein ideales Essen für die ganze Familie, denn auch bei Kindern kommt es riesig an. Außerdem gehört es zu jener Kategorie, die man mit dem, was der Vorrats- und Kühlschrank gerade bereithalten, zumindest in einer einfacheren Version wohl immer zustande bringt. Beispielsweise lassen sich die Kalmare durch Thunfisch aus der Dose ersetzen. Die *pasticciata* kann auch in einer Teigkruste zubereitet werden, ohne ist sie jedoch leichter und bekömmlicher.

350 g Rigatoni oder Conchiglie
Etwa 6 mittelgroße Kalmare, küchenfertig vorbereitet
200 g ausgehülste frische Erbsen
Abgeriebene Schale und Saft von 1 unbehandelten Zitrone
2 EL Semmelbrösel

FÜR DIE TOMATENSAUCE
2 EL Olivenöl
1 kleine Zwiebel, abgezogen und fein gehackt
1 Dose (etwa 400 g) italienische Eiertomaten, gehackt
1 EL Paste von sonnengetrockneten Tomaten
1 Hand voll gemischte Kräuter, wie Salbei, Thymian, Rosmarin und Petersilie, frisch gehackt
Meersalz und frisch gemahlener schwarzer Pfeffer

FÜR DIE BÉCHAMELSAUCE
25 g Butter
25 g Weizenmehl
600 ml Magermilch
1 Ei

1 Für die Tomatensauce das Olivenöl in einem großen Topf erhitzen und die Zwiebel bei niedriger Temperatur unter häufigem Rühren weich dünsten. Die Tomaten aus der Dose und zusätzlich eine Dosenfüllung Wasser in den Topf gießen. Die Tomatenpaste und die Kräuter sowie Salz und Pfeffer einrühren. Das Ganze 20 Minuten köcheln lassen.

2 Unterdessen den Backofen auf 190 °C vorheizen. Die Pasta in einem großen Topf mit sprudelndem Salzwasser knapp *al dente* kochen.

3 Gleichzeitig für die Béchamelsauce die Butter in einem Topf zerlassen. Das Mehl einstreuen und 1 Minute mit dem Schneebesen ständig rühren. In kleinen Portionen die Milch gründlich einrühren. Die Mischung zum Kochen bringen und dabei ständig weiterrühren, bis sich eine glatte, sämige Sauce ergibt. Mit Salz und Pfeffer würzen und vom Herd nehmen.

4 Die Kalmare in ein Zentimeter dicke Ringe schneiden und etwa 4 Minuten in heißem Öl braten.

5 Die Pasta abseihen und in eine Gratinform füllen. Kalmare, Erbsen, Zitronensaft und -schale unter die Tomatensauce mischen. Abschmecken, ebenfalls in die Gratinform füllen und gründlich mit der Pasta vermischen.

6 Das Ei mit dem Schneebesen in die Béchamelsauce rühren und das Pastagericht damit übergießen. Die Nudeln mit einer Gabel auflockern, so dass die Sauce auch in die Zwischenräume fließt. Das Ganze glatt streichen, mit den Semmelbröseln bestreuen und 15 Minuten überbacken, bis die Kruste schön gebräunt ist und die Sauce träge blubbert.

6
in anticipo
gut vorzubereiten

Wer eine große Familie hat oder anderweitig zeitlich stark eingespannt ist, freut sich über Rezepte für Pastasaucen, die sich im Voraus herstellen lassen, etwa das traditionelle ligurische Pesto und seine zwar weniger klassischen, aber absolut klasse Varianten. Ebenso können Sie, wenn Sie gerade etwas Zeit übrig haben, gefüllte Teigtaschen oder andere Pastaspezialitäten vorbereiten, die dann bei Bedarf nur noch gekocht oder überbacken werden müssen. Tatsächlich profitieren Lasagne, Cannelloni und Ravioli oft von einer gewissen Ruhezeit, in der sich ihre Aromen richtig entfalten können.

Mandilli di Seta con Pesto Teigblätter mit Pesto **Für 2 Personen**

Dünne Teigblätter von der Größe zierlicher Damentaschentücher aus Seide, auf Italienisch *mandilli di seta*, sind eine traditionelle Pastaform der ligurischen Küche. Das ebenfalls für diese Region typische Pesto schmeckt am besten im Sommer, denn dann ist das Basilikum besonders zart und aromatisch. Sie können es gleich in größerer Menge herstellen und den Rest in einem fest verschlossenen Glas im Kühlschrank aufbewahren. Wichtig ist nur, dass die Oberfläche stets mit ausreichend Öl bedeckt ist, damit die Mischung nicht austrocknet oder verdirbt.

FÜR DIE PASTA
200 g kräftiges ungebleichtes Weizenmehl (möglichst das italienische Tipo 00)
1 Prise Meersalz
2 große Eier
1 EL Olivenöl

FÜR DAS PESTO
1 Knoblauchzehe, abgezogen und zerdrückt
25 g Pinienkerne
1 Prise Meersalz
2 EL frisch geriebener Parmesan, dazu etwas mehr zum Servieren
50 g frische Basilikumblätter
5 EL natives Olivenöl extra mit fruchtigem Aroma

1 Die Pastazutaten zu einem glatten, geschmeidigen Teig verarbeiten und diesen etwa 30 Minuten an einem kühlen Platz ruhen lassen (siehe Seite 8).

2 Den Teig mit der Maschine ausrollen (siehe Seite 10). Alternativ den Teigball in kleinere Portionen teilen und – damit sie nicht austrocknen – bis zur Verarbeitung abdecken. Die Stücke nacheinander auf der Arbeitsfläche mit den Handballen flach drücken und mit einem langen, dünnen Nudelholz behutsam möglichst dünn ausrollen, dabei nach Bedarf leicht mit Mehl bestäuben. Die Teigblätter auf einem sauberen Küchentuch 30 Minuten trocknen lassen und anschließend in 15 Zentimeter große Quadrate schneiden.

3 Für das Pesto Knoblauch und Pinienkerne mit dem Salz im Mörser zerreiben. Parmesan und Basilikum zufügen und das Ganze weiter mit dem Stößel bearbeiten. Langsam das Öl dazugießen und wie zuvor weiterarbeiten, bis eine glatte Paste entsteht.

4 Die Hälfte der Pasta in sprudelndem Salzwasser in 7 Minuten *al dente* kochen – sie soll gar, aber noch bissfest sein. Abseihen, mit etwas Pesto vermischen und heiß servieren. Dazu frisch geriebenen Parmesan reichen. Die zweite Hälfte der Pasta wie zuvor kochen und servieren.

Variante

Auch die auf Seite 112 vorgestellten Pestoversionen mit Rucola, Petersilie oder Minze und Zitrone passen gut zu dieser schlichten Pastaform und geradezu exquisit schmeckt dazu die Walnusssauce für Pansotti (siehe Seite 116).

Tortellini con Ricotta Tortellini mit Ricotta

Für 6 Personen

Von den vielen Legenden, die sich um die Entstehung der Tortellini ranken, erzählt eine von einem neugierigen Wirt, in dessen Gasthaus Venus und Jupiter ein Stelldichein hatten. Als er durch das Schlüsselloch ihres Zimmers lugte, sah er Venus halb nackt auf dem Bett liegen. Entzückt von ihrem Nabel, eilte er in die Küche, um das, was er soeben erblickt hatte, in Teig zu modellieren.

FÜR DIE PASTA

600 g kräftiges ungebleichtes Weizenmehl (möglichst das italienische Tipo 00)
1 Prise Meersalz
6 große Eier
1 EL Olivenöl
Hartweizengrieß zum Bestreuen

FÜR DIE FÜLLUNG

150 g frisch geriebener Parmesan
150 g Ricotta
50 g Trüffelpaste (siehe unten)
Meersalz und frisch gemahlener schwarzer Pfeffer

ZUM SERVIEREN

1 EL Butter
Frische Basilikumblätter
Frisch geriebener Parmesan

1 Die Pastazutaten zu einem glatten, geschmeidigen Teig verarbeiten. Etwa 30 Minuten an einem kühlen Platz ruhen lassen (siehe Seite 8).

2 Für die Füllung den Parmesan, den Ricotta und die Trüffelpaste sowie Salz und Pfeffer nach Geschmack gleichmäßig vermengen.

3 Den Teig mit der Maschine ausrollen (siehe Seite 10). Alternativ den Teigball in kleinere Portionen teilen und – damit sie nicht austrocknen – bis zur Verarbeitung abdecken. Die Stücke auf der Arbeitsfläche mit den Handballen flach drücken. Mit einem langen, dünnen Nudelholz beinahe papierdünn ausrollen, dabei nach Bedarf leicht mit Mehl bestäuben. Teigblätter mit Grieß bestreuen und in zehn Zentimeter große Quadrate schneiden.

4 In die Mitte jedes Quadrats einen Teelöffel Füllung setzen. Die Ränder mit Wasser befeuchten, die Quadrate zu Dreiecken falten und die Kanten behutsam zusammendrücken, wobei möglichst keine Lufteinschlüsse entstehen sollten. Die beiden Zipfel der Dreiecke übereinander legen und leicht zusammendrücken, so dass Ringformen entstehen. Die Tortellini auf Backbleche legen, mit Grieß bestreuen und 1 Stunde trocknen lassen.

5 Die Tortellini in einen großen Topf mit kochendem Salzwasser geben und – nachdem es erneut sprudelt – bei reduzierter Temperatur 4–5 Minuten gar ziehen lassen, bis sie *al dente* sind. Abseihen, mit der Butter vermischen und mit Basilikumblättern garnieren. Dazu weiteren geriebenen Parmesan reichen.

Consiglio Empfehlung

Der Grieß sorgt dafür, dass der Teig austrocknet und leichter zu bearbeiten ist.

Trüffelpaste, die man in guten italienischen Feinkostgeschäften bekommt, enthält gehackte Trüffel und ist manchmal aus Kostengründen mit ebenfalls gehackten Steinpilzen angereichert. Sie ist nicht eben preiswert, aber dafür sparsam im Gebrauch.

Variante

Tortellini lassen sich auch gut mit Blauschimmelkäse oder mit Schinken und Ricotta füllen.

Pesto di Peperoni Arrostiti con Penne Rigate Penne Rigate mit Paprikapesto

Für 6 Personen

Schon seit Generationen haben sich die Italiener zum Thema „Pesto" einiges einfallen lassen. Doch erst neuerdings machen alle möglichen Varianten der klassischen Basilikumsauce in Restaurants Karriere.

500 g Penne Rigate
Frische Basilikumblätter zum Garnieren

FÜR DAS PESTO
4 mittelgroße rote Paprikaschoten
65 g gemahlene Mandeln
Schale von 1 unbehandelten Zitrone, fein gehackt
4 EL natives Olivenöl extra
1 Knoblauchzehe, abgezogen
2 TL Balsamico-Essig
50 g frisch geriebener Parmesan
Meersalz und frisch gemahlener schwarzer Pfeffer

1 Den Backofen auf 200 °C vorheizen. Die Paprikaschoten 25 Minuten auf einem Backblech rösten und dabei einmal wenden – sie sollen zuletzt leicht verkohlt und zusammengefallen sein. Herausnehmen und auf einem Drahtgitter abkühlen lassen. (Diese Vorbereitung kann 1 Tag im Voraus erfolgen.)

2 Die abgekühlten Schoten häuten und von den Samen befreien. Am besten erledigen Sie diese Arbeit über einer Schüssel, um den dabei austretenden Saft aufzufangen.

3 Das Fruchtfleisch der Paprikaschoten mitsamt dem Saft sowie alle übrigen Zutaten für das Pesto in den Mixer oder die Küchenmaschine füllen. Alles zu einem dicken Püree verarbeiten, das Sie zum Schluss nochmals abschmecken.

4 Die Pasta *al dente* kochen. Abseihen, mit dem Paprikapesto vermischen und, mit den Basilikumblättern garniert, servieren.

Consiglio Empfehlung

Falls Sie das Paprikapesto auf Vorrat hergestellt haben oder nur einen Teil verwenden, füllen Sie, was Sie nicht benötigen, in ein sterilisiertes Glas. Mit Olivenöl bedecken, das die Sauce vor dem Verderben schützt, und im Kühlschrank aufbewahren.
Nicht nur als Pastasauce mundet diese Pestovariante vorzüglich, sondern auch als Dressing auf einem Salat oder auf frisch gedämpftem Gemüse.

Minze und Zitrone **Hacken Sie eine große Hand voll frische Minzeblätter, die Sie dann mit der fein abgeriebenen Schale von zwei unbehandelten Zitronen und dem Saft von drei Zitronen vermengen. Diese Mischung ersetzt die Paprikaschoten, Mandeln und Zitronenschale des Grundrezepts.**

Petersilie **Verwenden Sie anstelle der Paprikaschoten im Grundrezept ein großes Bund glatte Petersilie (nach Belieben auch zur Hälfte mit Koriandergrün gemischt), verdoppeln Sie die Menge der Zitronenschale, und ersetzen Sie die Mandeln durch Pinienkerne. Wer es pikant mag, gibt eine Chilischote ohne die Samen dazu.**

Spargel **Den Backofen auf 200 °C vorheizen. Etwa 500 Gramm grünen Spargel putzen und die Stangen auf ein Backblech legen. Dünn mit Olivenöl einpinseln, mit Meersalz bestreuen und 10 Minuten im heißen Ofen rösten, danach abkühlen lassen. Grob hacken und anstelle der Paprikaschoten verwenden, die Mandeln durch Pinienkerne ersetzen.**

Rucola **Zwei große Bund Rucola sorgfältig waschen und entstielen. Anstelle der Paprikaschoten im Grundrezept verwenden und die Mandeln durch Pinienkerne ersetzen.**

Cannelloni con Fave e Ricotta Cannelloni mit Dicken Bohnen und Ricotta **Für 6 Personen**

Nicht nur die Pasta und die Sauce können Sie hier im Voraus zubereiten, sondern sogar das komplette Gericht. Bis zum Backen kommt es in den Kühlschrank und gewinnt dabei noch an Geschmack.

FÜR DIE PASTA
150 g kräftiges Weizenmehl (möglichst das italienische Tipo 00)
150 g feiner Hartweizengrieß, dazu etwas mehr zum Bestreuen
1 Prise Meersalz
2 große Eier (möglichst aus Freilandhaltung)
1 EL Olivenöl

FÜR DIE FÜLLUNG
1 kg Dicke Bohnen, ausgehülst
350 g Ricotta
120 g Pecorino Romano, gerieben, dazu etwas mehr zum Überbacken
1 große Knoblauchzehe, abgezogen und zerdrückt
1 große Hand voll Minze, gehackt
Meersalz und frisch gemahlener schwarzer Pfeffer

FÜR DIE BÉCHAMELSAUCE
600 ml Milch
2 Zwiebelscheiben
1 Lorbeerblatt
1 Stück Macis (Muskatblüte)
3 Petersilienstängel
5 schwarze Pfefferkörner
50 g Butter
45 g Mehl
150 ml trockener Weißwein

1 Für die Pasta Mehl, Grieß und Salz auf der Arbeitsfläche gründlich vermengen. Zu einem Hügel aufhäufen und in die Mitte eine Mulde drücken. Eier und Öl hineingeben und behutsam mit einer Gabel verrühren. Dann die umgebende Mehlmischung einarbeiten, wie auf Seite 8 beschrieben. Den fertigen Teig zu einer Kugel formen und – mit einem Tuch bedeckt oder in Klarsichtfolie gewickelt – ruhen lassen, bis die Füllung fertig ist.

2 Die Dicken Bohnen in etwa 10 Minuten gar kochen oder dämpfen, danach abtropfen und abkühlen lassen. Die Hälfte der Bohnen in der Küchenmaschine oder im Mixer zerkleinern, aber nicht pürieren. Ricotta, Pecorino, Knoblauch und Minze sowie Salz und Pfeffer nach Geschmack untermischen. Die restlichen Bohnen mit einem Holzlöffel unterziehen.

3 Den Teig hauchdünn ausrollen. In acht Zentimeter große Quadrate schneiden und dünn mit Grieß bestreuen. 10–15 Minuten trocknen lassen.

4 Die fast völlig trockene Pasta portionsweise in sprudelndem Wasser *al dente* kochen. Mit einer Schaumkelle herausnehmen und auf einem Küchentuch abtropfen lassen. Den Backofen auf 200 °C vorheizen.

5 Für die Béchamelsauce die Milch mit den Zwiebelscheiben, dem Lorbeerblatt, dem Macis, den Petersilienstängeln und den Pfefferkörnern in einem Topf bei mittlerer bis niedriger Temperatur erhitzen und – sobald die Milch simmert – vom Herd nehmen, anschließend 8–10 Minuten ziehen lassen.

6 Die Hälfte der Butter in einem Topf zerlassen. Das Mehl einstreuen und 1 Minute mit dem Schneebesen ständig rühren, dann vom Herd nehmen. Die Milch durch ein Sieb dazugießen und gründlich einrühren. Die Mischung unter ständigem Rühren zum Kochen bringen. Die restliche Butter und den Wein einrühren und die Sauce 3 Minuten köcheln lassen. Zuletzt abschmecken.

7 Auf jedem Teigblatt einen Esslöffel der Füllung verteilen und die Stücke aufrollen. Die Hälfte der Béchamelsauce in einer Gratinform verteilen und die Cannelloni nebeneinander darauf legen. Mit der restlichen Sauce überziehen, mit weiterem Pecorino bestreuen und 15 Minuten überbacken. Heiß servieren.

Variante

Ersetzen Sie die Béchamelsauce durch eine Hackfleischsauce (Seite 134).

Pansotti con Erbe e Formaggi Pansotti mit Kräutern und Käse **Für 6–8 Personen**

In Ligurien wird der Teig für Ravioli, die dort Pansotti heißen, mit Weißwein aromatisiert. Ihre klassische Füllung besteht aus *preboggion* – einer Mischung aus verschiedensten wilden Kräutern und Gemüsen, wie etwa Borretsch, Löwenzahn und Wegwarte – und Käse. Traditionsgemäß genießt man sie mit einer Art Pesto aus Walnüssen.

1/2 Rezept frischer Nudelteig mit Ei (siehe Seite 8)
1 Hand voll fein gehackte Petersilie, weitere Stängel zum Garnieren
1 sehr kleine Hand voll fein gehackter Thymian
Mehl zum Bestäuben
50 g Butter
Frisch geriebener Parmesan zum Servieren

FÜR DIE FÜLLUNG
250 g Ricotta
150 g frisch geriebener Parmesan
1 große Hand voll Basilikumblätter, fein gehackt
1 große Hand voll glatte Petersilie, fein gehackt
Einige frische Majoran- oder Oreganozweige, die Blättchen abgestreift und fein gehackt
1 Knoblauchzehe, abgezogen und zerdrückt
1 kleines Ei
Meersalz und frisch gemahlener schwarzer Pfeffer

FÜR DIE WALNUSSSAUCE
90 g geschälte frische Walnüsse
1 Knoblauchzehe
4 EL natives Olivenöl extra
125 ml Crème double

1 Den Teig herstellen, wie auf Seite 8 beschrieben, dabei jedoch zusätzlich die Kräuter in die Mulde geben und untermengen. Mindestens 30 Minuten an einem kühlen Ort ruhen lassen.

2 Die Zutaten für die Füllung in einer Schüssel mit einem Holzlöffel gründlich vermischen. Das Ganze mit Salz und Pfeffer abschmecken.

3 Für die Sauce Walnüsse, Knoblauch und Öl mit Salz und Pfeffer in der Küchenmaschine oder im Mixer zu einer geschmeidigen Paste verarbeiten, dabei nach Bedarf etwas warmes Wasser zufügen. Die Mischung in einer Schüssel mit der Crème double verrühren und nochmals abschmecken.

4 Ein Viertel des Teigs mit der Nudelmaschine zu einem 90–100 Zentimeter langen Streifen ausrollen und diesen – nach Bedarf – quer halbieren.

5 Aus dem ersten Teigblatt mit einem fünf Zentimeter großen, quadratischen Ausstecher oder einem Teigrädchen acht bis zehn Vierecke ausschneiden. In die Mitte jeweils einen Teelöffel Füllung setzen. Die Stücke am Rand dünn mit Wasser bepinseln und diagonal zu einem Dreieck falten – die Füllung muss ganz umschlossen sein, und es sollten möglichst keine Luftblasen entstehen. Die Ränder behutsam zusammendrücken. Die fertigen Pansotti zum Trocknen auf saubere, bemehlte Küchentücher legen und dünn mit Mehl bestäuben. Den restlichen Teig genauso verarbeiten (Sie erhalten 64 bis 80 Pansotti).

6 Die Pansotti in einen Topf mit kochendem Salzwasser geben und – nachdem es sprudelt – bei geringer Hitze in 4–5 Minuten gar ziehen lassen.

7 Inzwischen die Walnusssauce in einer großen, vorgewärmten Schüssel mit einer Schöpfkelle Kochwasser verrühren. Die Butter in einem kleinen Topf erhitzen, bis sie zischt. Die Pansotti abseihen, in die Schüssel zur Sauce geben und mit der Butter beträufeln. Durchmischen und mit Parmesan bestreuen.

8 Sofort servieren und dazu weiteren geriebenen Parmesan reichen.

Consiglio Empfehlung **Sowohl die Pansotti als auch die Walnusssauce können 1–2 Tage im Voraus hergestellt werden. Bis zur Zubereitung bewahren Sie beides im Kühlschrank auf.**

Culurjones Sardische Ravioli **Für 4–6 Personen**

Auch mit Tomatensauce sind die *culurjones*, eine Spezialität aus dem Norden Sardiniens, ein echter Genuss. Durch den Safran, einst ein Mitbringsel der arabischen und später nochmals der spanischen Herrscher, erhalten sie eine ganz spezielle Note.

1/2 Rezept frischer Nudelteig mit Ei (siehe Seite 8)
Mehl zum Bestäuben
50 g Butter
50 g frisch geriebener Pecorino Sardo

FÜR DIE FÜLLUNG
2 Kartoffeln (je etwa 200 g), gewürfelt
65 g frisch geriebener Pecorino Sardo
85 g junger, weicher Pecorino
1 Eigelb
1 großes Bund frische Minze, die Blätter gehackt
1 kräftige Prise gemahlener Safran
Meersalz und frisch gemahlener schwarzer Pfeffer

1 Zunächst die Füllung vorbereiten: Die Kartoffelwürfel in Salzwasser in etwa 15 Minuten gar kochen. Abseihen und in einer Schüssel fein zerstampfen. Sobald das Püree abgekühlt ist, die beiden Käsesorten, das Eigelb, die Minze, den Safran sowie Salz und Pfeffer nach Geschmack zufügen. Alles gründlich verrühren.

2 Ein Viertel des Teigs mit der Nudelmaschine zu einem 90–100 Zentimeter langen Streifen ausrollen und diesen – nach Bedarf schon während des Ausrollens – mit einem scharfen Messer quer halbieren.

3 Aus dem ersten Teigstück mit einem gewellten Ausstecher von zehn Zentimeter Durchmesser vier bis fünf Kreise ausstechen. Auf die eine Hälfte eines jeden Kreises einen gehäuften Teelöffel Füllung setzen. Die Teigränder mit etwas Wasser befeuchten und die Kreise zu Halbmonden zusammenfalten, wobei möglichst keine Luftblasen entstehen sollten. Die Kanten zusammendrücken.

4 Die *culurjones* nebeneinander auf bemehlte Küchentücher legen, fein mit Mehl bestäuben und trocknen lassen, bis der restliche Teig verarbeitet ist. Insgesamt erhalten Sie etwa 32 bis 40 *culurjones* oder sogar noch einige mehr, wenn Sie die Teigreste nochmals ausrollen und wie beschrieben verarbeiten.

5 Den Backofen auf 190 °C vorheizen. Die Ravioli behutsam in einen großen Topf mit kochendem Salzwasser gleiten und – nachdem es erneut sprudelt – bei reduzierter Temperatur in 4–5 Minuten gar ziehen lassen. Gleichzeitig die Butter in einem kleinen Topf zerlassen.

6 Die *culurjones* abseihen, in eine große Gratinform füllen und mit der Butter beträufeln. Mit dem Pecorino bestreuen und für 10–15 Minuten in den Ofen schieben, bis das Ganze oben zart gebräunt ist und leise blubbert. Vor dem Servieren 5 Minuten ruhen lassen.

Ravioli Fritti Frittierte Ravioli

Für 6 Personen

Pasta wird üblicherweise gekocht oder im Ofen gegart, lässt sich aber auch gut frittieren. Herrlich knusprig und gefüllt mit einer Mischung aus geschmolzenem Käse, würziger Rucola und Petersilie, ergeben diese Ravioli, ergänzt durch einen kalten Tomatendip, einen köstlichen Partysnack. Sie lassen sich bis zu 2 Tage im Voraus zubereiten, sofern man sie im Kühlschrank aufbewahrt.

FÜR DIE PASTA
300 g kräftiges ungebleichtes Weizenmehl (möglichst das italienische Tipo 00)
1 Prise Meersalz
50 g Butter
1 Ei, getrennt, dazu 1 Eigelb
Pflanzenöl zum Frittieren

FÜR DIE FÜLLUNG
120 g Gruyère (Greyerzer)
85 g Rucola, fein gehackt
40 g frisch geriebener Parmesan
1 Ei, verquirlt
1 Hand voll glatte Petersilie, fein gehackt
Meersalz und frisch gemahlener schwarzer Pfeffer

1 Für die Pasta das Mehl mit dem Salz auf die Arbeitsfläche sieben, so dass es einen Hügel bildet. In die Mitte eine Mulde drücken. Die in kleine Stücke geschnittene Butter und die Eigelbe hineingeben. Alles zu einem geschmeidigen Teig verarbeiten, dabei nach Bedarf etwas lauwarmes Wasser zufügen.

2 Für die Füllung den Gruyère reiben. In einer Schüssel mit der Rucola, dem Parmesan, dem verquirlten Ei, der Petersilie sowie Salz und Pfeffer gründlich vermischen.

3 Den Teig mit dem Nudelholz flach drücken, etwa fünf Millimeter dick ausrollen und 12,5 Zentimeter große Kreise ausstechen. Die Füllung in die Mitte der Teigkreise geben. Das Eiweiß leicht verquirlen. Die Teigränder dünn damit bestreichen, die Kreise über der Füllung zusammenklappen und die Ränder gut zusammendrücken. Die Füllung muss vollständig eingehüllt sein, und es sollte möglichst keine Luft mit eingeschlossen werden.

4 Das Pflanzenöl auf 190 °C erhitzen. Die Ravioli portionsweise goldbraun frittieren und anschließend auf Küchenpapier abtropfen lassen. Noch heiß servieren.

Variante

Auch eine Füllung mit Hackfleischsauce (siehe Seite 134) schmeckt köstlich.

Tortellini con Burro e Salvia Tortellini mit Käsefüllung in Salbeibutter

Für 6 Personen

Bei mir kommt dieses umbrische Gericht regelmäßig auf den Tisch, denn es schmeckt immer. Die Italiener schätzen Salbei auch deshalb, weil er angeblich den Geist klärt.

FÜR DIE PASTA

200 g kräftiges ungebleichtes Weizenmehl (möglichst das italienische Tipo 00), dazu etwas mehr zum Bestäuben
1 Prise Meersalz
2 große Eier
1 EL Olivenöl

FÜR DIE FÜLLUNG

100 g Ricotta
50 g Fontina, gerieben
50 g frisch geriebener Parmesan
1 Ei, verquirlt
1 Prise frisch geriebene Muskatnuss
1 Hand voll frische Salbeiblätter, fein gehackt

ZUM SERVIEREN

50 g Butter
1 Hand voll frische Salbeiblätter
Frisch geriebener Parmesan

1 Die Pastazutaten zu einem glatten, geschmeidigen Teig verarbeiten und diesen etwa 30 Minuten an einem kühlen Platz ruhen lassen (siehe Seite 8).

2 Sämtliche Zutaten für die Füllung gründlich vermengen.

3 Den Teig mit der Maschine ausrollen (siehe Seite 10). Alternativ den Teigball in Portionen teilen und – damit sie nicht austrocknen – bis zur Verarbeitung abdecken. Die Stücke auf der Arbeitsfläche mit dem Handballen flach drücken und mit einem dünnen Nudelholz papierdünn ausrollen, dabei nach Bedarf leicht mit Mehl bestäuben. Kreise von fünf Zentimeter Durchmesser ausstechen und auf jedes Stück seitlich versetzt zur Mitte etwa einen Teelöffel Füllung setzen. Die Teigränder mit etwas Wasser befeuchten und die Kreise zu Halbmonden zusammenfalten. Die Kanten müssen nicht ganz exakt aufeinander liegen; wichtig ist nur, dass möglichst wenig Luft mit eingeschlossen wird. Die Ränder zusammendrücken. Die Halbmonde einzeln um den Zeigefinger legen, die beiden Enden zusammendrücken und die Tortellini vom Finger streifen. Auf einem bemehlten Tablett kurz trocknen lassen.

4 Tortellini in einen Topf mit kochendem Wasser geben und – sobald es sprudelt – die Temperatur reduzieren. 3–5 Minuten garen lassen. Nachdem sie an die Oberfläche gestiegen sind, mit einer Schaumkelle in eine Schüssel umfüllen.

5 Die Butter zerlassen und die Tortellini damit beträufeln. Mit den Salbeiblättern garnieren und mit etwas geriebenem Parmesan bestreuen.

Consiglio Empfehlung

Im Kühlschrank halten sich die Tortellini ungekocht bis zu 2 Tage. Sie können also gut im Voraus hergestellt werden.

Variante

Braten Sie die Salbeiblätter schön knusprig, bevor Sie die Tortellini damit bestreuen.

Pappardelle con Sugo di Coniglio
Pappardelle mit Kaninchenragout

Für 4 Personen

Pappardelle mit Hasenragout – *pappardelle con lepre* – sind ein uralter toskanischer Klassiker und für viele eines der köstlichsten Pastagerichte überhaupt. Hier eine etwas „zahmere" Version.

25 g getrocknete Steinpilze
1 Zwiebel, abgezogen
1 Möhre
1 Stange Bleichsellerie
3 Lorbeerblätter
1 EL Olivenöl
25 g Butter
50 g Pancetta (italienischer Bauchspeck) oder durchwachsener Frühstücksspeck, gehackt
1 Hand voll glatte Petersilie, grob gehackt, dazu etwas mehr zum Servieren
250 g ausgelöstes Kaninchenfleisch
6 EL trockener Weißwein
200 g italienische Eiertomaten aus der Dose, gehackt
Meersalz und frisch gemahlener schwarzer Pfeffer
200 g Pappardelle

1 Pilze in einer Schüssel mit 175 Milliliter warmem Wasser übergießen und 10–15 Minuten einweichen. Gemüse in der Küchenmaschine oder von Hand fein hacken. Lorbeerblätter einreißen, um ihr Aroma richtig zu erschließen.

2 Das Öl mit der Butter in einem mittleren Topf erhitzen, bis es leise zischt. Das gehackte Gemüse mit dem Speck und der Petersilie 5 Minuten anbraten.

3 Das Fleisch zufügen und 3–4 Minuten von allen Seiten anbraten. Mit Wein ablöschen und diesen einige Minuten verkochen lassen, dann die Tomaten untermischen. Die Pilze abseihen – das Einweichwasser gießen Sie gleich zum Fleisch –, hacken und zusammen mit den Lorbeerblättern in den Topf geben. Alles salzen und pfeffern, gründlich durchmischen und zugedeckt 35–45 Minuten köcheln lassen, bis das Fleisch gar ist. Dabei gelegentlich umrühren.

4 Den Topf vom Herd nehmen. Das Fleisch mit einer Schaumkelle herausheben, in mundgerechte Stücke schneiden und wieder zur Sauce geben. Die Lorbeerblätter entfernen und das Ragout abschmecken.

5 Die Pasta in sprudelndem Salzwasser *al dente* – also bissfest – kochen.

6 Das Ragout, falls nötig, erneut erwärmen. Die Pasta abseihen und in einer vorgewärmten Schüssel mit dem Ragout vermischen. Mit Petersilie bestreuen und heiß servieren.

Consiglio Empfehlung **Schmeckt aufgewärmt doppelt so gut. Bereiten Sie es mindestens 1 Tag im Voraus zu.**

Spaghetti con Polpettini di Vitello Spaghetti mit Kalbfleischbällchen

Für 6–8 Personen

Dieses klassische Pastagericht hat seine Wurzeln in Süditalien, ist aber heute weltweit beliebt.

350 g Spaghetti
Frisch gehobelter Parmesan zum Servieren

FÜR DIE FLEISCHBÄLLCHEN UND DIE SAUCE
350 g Hackfleisch vom Kalb
1 Ei
2 EL grob gehackte glatte Petersilie, dazu etwas mehr zum Servieren
Meersalz und frisch gemahlener schwarzer Pfeffer
1 dicke Scheibe Weißbrot, entrindet
2 EL Milch
3 EL Olivenöl
300 ml pürierte Tomaten aus der Dose
400 ml Gemüsebrühe
1 TL Zucker

1 Das Hackfleisch mit dem Ei, der Hälfte der Petersilie sowie Salz und Pfeffer in eine große Schüssel geben. Das Weißbrot fein zerpflücken, in einer kleinen Schüssel mit der Milch beträufeln und einige Minuten einweichen, danach ausdrücken und über das Fleisch verteilen. Alles mit einem Holzlöffel gründlich vermischen und anschließend mit den Händen zu einer gleichmäßigen, eher klebrigen Mischung verarbeiten.

2 Hände waschen und kalt abspülen. Aus der Hackfleischmasse zwischen den Handflächen walnussgroße Bällchen rollen – insgesamt ergeben sich etwa 40 bis 60 Stück – und auf einem Tablett 30 Minuten kalt stellen.

3 Das Öl in einer großen Pfanne erhitzen und die Fleischbällchen portionsweise ringsum anbräunen.

4 Das Tomatenpüree mit der Brühe in einem großen Topf langsam erhitzen. Mit dem Zucker sowie Salz und Pfeffer würzen. Die Fleischbällchen einlegen, die Sauce einmal aufkochen und dann zugedeckt bei reduzierter Temperatur 20 Minuten köcheln lassen.

5 In einem großen Topf mit sprudelndem Salzwasser die Pasta *al dente* kochen – sie soll gar, aber noch bissfest sein.

6 Die Pasta abseihen und in eine große vorgewärmte Schüssel füllen. Die Sauce mit den Fleischbällchen behutsam untermischen. Das Gericht mit der restlichen Petersilie bestreuen und servieren, dazu gehobelten Parmesan reichen.

Ravioli alla Romagnola Ravioli mit Schweinefleisch und Pute **Für 6–8 Personen**

Mit ihrer Füllung aus gemischtem Hackfleisch, frischen Kräutern und zweierlei Käse schmecken diese Ravioli aus der Emilia Romagna absolut köstlich.

1/2 Rezept frischer Nudelteig mit Ei (siehe Seite 8)
Mehl zum Bestäuben
40 g Butter
1 großes Bund frischer Salbei, die Blätter grob gehackt, dazu etwas mehr zum Servieren
4 EL frisch geriebener Parmesan, dazu etwas mehr zum Servieren

FÜR DIE FÜLLUNG
25 g Butter
150 g Hackfleisch vom Schwein
120 g Putenfleisch, gehackt
4 frische Salbeiblätter, fein gehackt
1 Rosmarinzweig, die Blättchen abgestreift und fein gehackt
Meersalz und frisch gemahlener schwarzer Pfeffer
2 EL trockener Weißwein
65 g Ricotta
3 EL frisch geriebener Parmesan
1 Ei
Frisch geriebene Muskatnuss

1 Für die Füllung die Butter in einem mittleren Topf zerlassen. Das gesamte Hackfleisch mit den Kräutern 5–6 Minuten sanft anbraten, dabei häufig mit einem Holzlöffel rühren und etwaige Klumpen zerteilen. Salzen und pfeffern und gründlich durchmischen. Den Wein einrühren und 1–2 Minuten teilweise verdampfen lassen. Einen Deckel auflegen und alles etwa 20 Minuten köcheln lassen, dabei ab und zu umrühren.

2 Das Fleisch mit einer Schaumkelle in eine Schüssel umfüllen. Sobald es abgekühlt ist, den Ricotta, den Parmesan und das Ei zufügen. Alles mit frisch geriebener Muskatnuss würzen und gründlich vermischen.

3 Ein Viertel des Teigs mit der Nudelmaschine zu einem 90–100 Zentimeter langen Streifen ausrollen und diesen – nach Bedarf schon während des Ausrollens – mit einem scharfen Messer quer halbieren.

4 Auf den ersten Teigstreifen zehn bis zwölf Häufchen der Füllung in gleichmäßigen Abständen auf die eine Hälfte setzen und den umgebenden Teig mit etwas Wasser befeuchten. Die zweite Hälfte des Streifens darüber legen. An der geschlossenen Seite beginnend, die beiden Teiglagen um die Füllungen herum behutsam zusammendrücken und dabei gleichzeitig etwaige Luftblasen entfernen. Den Streifen dünn mit Mehl bestäuben.

5 Mit einem gewellten Teigrädchen den Streifen zwischen den Füllungen durchschneiden, so dass einzelne, gleichmäßig große Vierecke entstehen. Die fertigen Ravioli nochmals leicht mit Mehl bestäuben und zum Trocknen nebeneinander auf saubere, bemehlte Küchentücher legen. Den restlichen Teig genauso verarbeiten (insgesamt erhalten Sie ca. 80 bis 96 Ravioli).

6 Die Ravioli portionsweise in einen großen Topf mit kochendem Salzwasser gleiten und – nachdem es erneut sprudelt – auf kleinerer Stufe in 4–5 Minuten gar ziehen lassen. Inzwischen die Butter in einem kleinen Topf zerlassen.

7 Die Ravioli mit einer Schaumkelle aus dem Wasser heben und in einer vorgewärmten Servierschüssel mit der Butter beträufeln. Mit dem Salbei und dem Parmesan bestreuen und servieren. Dazu nach Belieben weiteren Salbei und Parmesan reichen.

Lasagne alla Bolognese Lasagne Bologneser Art

Für 6 Personen

Bei der weltberühmten Lasagne nach dem Originalrezept aus Bologna darf die dicke Hackfleischsauce als Füllung natürlich nicht fehlen.

1 Rezept Hackfleischsauce (siehe Seite 134)
1 Rezept Béchamelsauce (siehe Seite 129)
150–250 ml heiße Rindfleischbrühe
12 getrocknete Lasagneblätter (ohne Vorkochen)
50 g frisch geriebener Parmesan

1 Den Backofen auf 190 °C vorheizen. Die Saucen, falls sie kalt sind, kräftig aufwärmen, anschließend so viel Brühe in die Hackfleischsauce rühren, dass sie ziemlich flüssig wird.

2 Etwa ein Drittel der Hackfleischsauce in einer ofenfesten Form verstreichen. Darüber etwa ein Viertel der Béchamelsauce verteilen und mit 4 Teigblättern abdecken. Diese Schrittfolge noch zweimal wiederholen. Die oberste Pastaschicht mit der restlichen Béchamelsauce überziehen und gleichmäßig mit dem Parmesan bestreuen.

3 Die Lasagne 40 Minuten backen, bis sie sich mit einem kleinen Holzspieß mühelos einstechen lässt. Vor dem Servieren etwa 10 Minuten ruhen lassen.

Consiglio Empfehlung

Die Hackfleischsauce kann bis zu 3 Tage im Voraus zubereitet werden, sofern man sie in einem fest verschlossenen Behälter im Kühlschrank aufbewahrt.

Um Lasagne aufzuwärmen, sticht man sie gleichmäßig mit einem Holzspieß ein und gießt dann langsam etwas Milch darüber, die sie wieder schön saftig macht. Mit Alufolie abdecken und für 20 Minuten in den auf 190 °C vorgeheizten Backofen schieben, bis die Sauce träge Blasen wirft.

Nicht wieder aufwärmen sollte man die Lasagne, falls die Hackfleischsauce bereits im Voraus zubereitet wurde, denn das mehrmalige Aufwärmen von Fleischgerichten ist nicht unbedenklich.

Variante

Für eine vegetarische Lasagne ersetzen Sie die Hackfleischsauce durch eine herzhafte Tomatensauce (z. B. nach dem Rezept auf Seite 105, das Sie mit einer Prise Chiliflocken aufpeppen). Ebenso können Sie anstelle der Fleischsauce etwas frischen Spinat und sonnengetrocknete Tomaten einschichten.

Consiglio Empfehlung **Mit italienischem Weizenmehl Tipo 00 gerät die Béchamelsauce besonders leicht.**

Lasagne con Polpettini Lasagne mit Hackfleischbällchen **Für 6–8 Personen**

275 g Hackfleisch vom Rind
275 g Hackfleisch vom Schwein
1 großes Ei
50 g sehr fein zerpflückte Weißbrotkrume
5 EL frisch geriebener Parmesan
2 EL gehackte glatte Petersilie, dazu nach Belieben etwas mehr zum Servieren
2 Knoblauchzehen, abgezogen und zerdrückt
Meersalz und frisch gemahlener schwarzer Pfeffer
4 EL Olivenöl
1 Zwiebel, abgezogen und fein gehackt
1 Möhre, geschält und fein gehackt
1 Stange Bleichsellerie, fein gehackt
2 Dosen (jeweils etwa 400 g) italienische Eiertomaten, gehackt
2 TL fein gehackter frischer Oregano (ersatzweise Basilikum)
6–8 getrocknete Lasagneblätter (ohne Vorkochen)

FÜR DIE BÉCHAMELSAUCE
700 ml Milch
1 Lorbeerblatt
1 frischer Thymianzweig
50 g Butter
50 g Weizenmehl (möglichst das italienische Tipo 00)
Frisch geriebene Muskatnuss

1 Je 175 Gramm der Hackfleischsorten mit dem Ei, dem zerpflückten Brot, zwei Esslöffel geriebenem Parmesan, der Hälfte der Petersilie und einer zerdrückten Knoblauchzehe sowie reichlich Salz und Pfeffer in eine Schüssel geben. Alles mit einem Holzlöffel gründlich vermengen und anschließend mit den Händen zu einer gleichmäßigen, eher klebrigen Mischung verarbeiten.

2 Die Hände kalt abspülen. Aus der Hackfleischmasse zwischen den Handflächen walnussgroße Bällchen rollen und auf einem Tablett kalt stellen.

3 Die Milch für die Béchamelsauce in einen Topf gießen. Das Lorbeerblatt einreißen und zusammen mit dem Thymianzweig in die Milch geben. Einmal aufkochen lassen, danach vom Herd nehmen und ziehen lassen.

4 Für die Fleischsauce die Hälfte des Öls in einem Topf erhitzen. Zwiebel, Möhre und Sellerie mit einer zerdrückten Knoblauchzehe bei niedriger Temperatur unter häufigem Rühren in etwa 5 Minuten weich dünsten. Das restliche Hackfleisch zufügen und 10 Minuten sanft braten, dabei häufig rühren. Salzen, pfeffern, Tomaten, restliche Petersilie, Oregano oder Basilikum untermischen. Die Sauce 45–60 Minuten köcheln lassen, dabei gelegentlich rühren.

5 Restliches Öl in einer großen Pfanne erhitzen. Die Fleischbällchen portionsweise bei mittlerer bis hoher Temperatur 5–8 Minuten braten, dabei die Pfanne regelmäßig rütteln, damit sie gleichmäßig bräunen. Die fertigen Bällchen herausnehmen und auf Küchenpapier abtropfen lassen.

6 Backofen auf 190 °C vorheizen. Für die Béchamelsauce Butter in einem Topf zerlassen. Mehl einstreuen und 1–2 Minuten unter Rühren anschwitzen, in kleinen Portionen Milch durch ein Sieb dazugießen und mit einem Schneebesen einrühren. Alles zum Kochen bringen und rühren, bis sich eine glatte Sauce ergibt. Mit Muskat, Salz und Pfeffer würzen und vom Herd nehmen.

7 Ein Drittel der Fleischsauce in einer großen, flachen, ofenfesten Form verstreichen und die Hälfte der Fleischbällchen darauf verteilen. Darüber ein Drittel der Béchamelsauce geben und das Ganze mit der Hälfte der Teigblätter abdecken. Diese komplette Schrittfolge noch einmal wiederholen. Die oberste Pastaschicht mit dem Rest der Fleisch- und der Béchamelsauce überziehen und zuletzt gleichmäßig mit dem restlichen Parmesan bestreuen.

8 Die Lasagne 30–40 Minuten backen, bis die Oberfläche schön gebräunt ist und die Sauce leise blubbert. Vor dem Servieren etwa 10 Minuten ruhen lassen.

7

impressionante

raffiniert

Selbst außerhalb Italiens ist Pasta inzwischen eine solche Selbstverständlichkeit geworden, dass ich oft verwunderte Blicke ernte, wenn ich sie für ein Abendessen mit Gästen oder gar einen festlichen Anlass vorschlage. Dabei bieten manche Pastagerichte mindestens ebenso opulente und exquisite Sinnesfreuden wie ein perfekt gelungener Braten oder ein kunstvoll von Meisterhand komponiertes Dessert.
Edle Zutaten wie Krabben und Hummer in Füllungen von Teigtaschen oder ein Hauch von kostbarem Safran an einer delikaten Sauce garantieren einen Genuss der ganz besonderen Art. Auch eine originelle Zubereitungstechnik, wie etwa bei der aufgeschnittenen und gegrillten Pastaroulade von Seite 137, verfehlt ihre Wirkung bestimmt nicht. Im Großen und Ganzen aber sind die nachfolgenden Rezepte unkompliziert und beeindrucken vor allem durch die Pastaformen oder gelungene Farbeffekte.

Agnolotti con Taleggio e Maggiorana Agnolotti mit Taleggio und Majoran

Für 6 Personen als Vorspeise, für 4 Personen als Hauptgericht

Die Füllung für diese kleinen Halbmonde ist denkbar einfach, aber gleichzeitig sehr attraktiv.

1/2 Rezept frischer Nudelteig mit Ei (siehe Seite 8)
350 g Taleggio-Käse, in kleine Würfel geschnitten
Etwa 2 EL fein gehackter Majoran, dazu etwas mehr zum Garnieren
Meersalz und frisch gemahlener schwarzer Pfeffer
Mehl zum Bestäuben
120 g Butter
Frisch geriebener Parmesan zum Servieren

1 Ein Viertel des Teigs mit der Nudelmaschine zu einem 90–100 Zentimeter langen Streifen ausrollen und diesen – nach Bedarf schon während des Ausrollens – mit einem scharfen Messer quer halbieren.

2 Auf den ersten Teigstreifen acht bis zehn Käsewürfel in gleichmäßigen Abständen auf die eine Hälfte setzen, jeweils mit etwas Majoran bestreuen und pfeffern. Den umgebenden Teig dünn mit Wasser bepinseln und die zweite Hälfte des Streifens darüber legen. An der geschlossenen Seite beginnend, die beiden Teiglagen um die Füllungen herum behutsam zusammendrücken und dabei gleichzeitig etwaige Luftblasen entfernen. Fein mit Mehl bestäuben.

3 Mit einem fünf Zentimeter großen runden, gezackten Plätzchenausstecher Halbkreise ausstechen, bei denen die geschlossene Teigkante die Gerade bildet – der Ausstecher wird also nur zur Hälfte auf den Teig aufgesetzt. Besonders hübsch sehen die Agnolotti aus, wenn Sie die gezackten Ränder zuletzt mit den Zinken einer Gabel zusammendrücken. Die Agnolotti nebeneinander auf bemehlte Küchentücher legen, fein mit Mehl bestäuben und trocknen lassen, bis alle – also insgesamt zwischen 64 und 80 Stück – fertig sind.

4 Die Agnolotti portionsweise behutsam in einen großen Topf mit kochendem Salzwasser gleiten lassen und – nachdem es erneut sprudelt – bei reduzierter Temperatur in 4–5 Minuten gar ziehen lassen. Sie sollen *al dente* sein.

5 Inzwischen die Butter in einem kleinen Topf zerlassen. Die Agnolotti abseihen und auf sechs bis acht vorgewärmte große Schalen verteilen. Mit der zischend heißen Butter beträufeln, danach mit frisch geriebenem Parmesan und gehacktem frischem Majoran bestreuen. Sofort servieren und dazu weiteren Parmesan reichen.

Consiglio Empfehlung **Majoran bildet bei diesem Rezept die traditionelle Ergänzung zum Taleggio. Genauso gut eignen sich aber auch andere frische Kräuter – wie Salbei, Basilikum oder glatte Petersilie.**

Tagliarini al Tartufo Bianco Tagliarini mit weißer Trüffel

Für 4 Personen

Schlichte Rezepte bringen den unvergleichlichen Duft und Geschmack weißer Trüffel am besten zur Geltung. Besonders begehrt, aber vergleichsweise rar und entsprechend teuer sind die edlen Pilze aus der Umgebung von Alba im Piemont. Tagliarini – oder Tagliolini – sind schmale Tagliatelle.

350 g frische oder getrocknete Tagliarini (siehe oben)
Meersalz und frisch gemahlener schwarzer Pfeffer
75 g Butter, klein gewürfelt
4 EL frisch geriebener Parmesan
1 TL frisch geriebene Muskatnuss
1 kleine weiße Trüffel (etwa 25 g)

1 Die Pasta in einem großen Topf mit sprudelndem Salzwasser *al dente* kochen – sie soll gar, aber noch bissfest sein.

2 Abseihen und zügig, aber gründlich abtropfen lassen und in eine vorgewärmte Schüssel füllen. Die Butterstückchen, den Parmesan, die Muskatnuss sowie etwas Salz und Pfeffer gründlich untermischen.

3 Die Pasta auf vier vorgewärmte Schalen verteilen und die Trüffel hauchfein darüber hobeln. Sofort servieren.

Consiglio Empfehlung **Weiße Trüffel haben von Januar bis März Hochsaison.**

Pappardelle con Tartufi e Porcini Pappardelle mit Trüffel-Steinpilz-Sauce

Für 2 Personen

50 g getrocknete Steinpilze
200 g Pappardelle
Meersalz und frisch gemahlener schwarzer Pfeffer
1 EL Olivenöl
1 Knoblauchzehe, abgezogen und zerdrückt
50 g Trüffelpaste (siehe Seite 109)
2 EL Mascarpone
1 EL trockener Weißwein
Frisch gehobelter Parmesan zum Servieren

1 Die Steinpilze mit kaltem Wasser bedecken und 20 Minuten einweichen, danach abseihen. (Das Einweichwasser können Sie zum Aromatisieren des Pastakochwassers oder auch zum Verlängern der Sauce verwenden.)

2 Die Pasta in etwa 12 Minuten in sprudelndem Salzwasser *al dente* – also richtig gar, aber noch bissfest – kochen.

3 Unterdessen das Öl in einer Pfanne mit hohem Rand erhitzen. Knoblauch, Trüffelpaste und Steinpilze zufügen und 10 Minuten sanft garen. Mascarpone und Wein einrühren und die Sauce zuletzt mit Salz und Pfeffer abschmecken.

4 Die Pasta abseihen, zur Sauce geben und durchmischen. Mit den Parmesanspänen bestreuen und sofort servieren.

Cappellacci alla Bolognese Cappellacci mit Käsefüllung und Hackfleischsauce

Für 6–8 Personen, eventuell auch mehr

In der Emilia Romagna genießt man die Cappellacci bevorzugt mit einer deftigen Fleischsauce, aber auch mit Tomatensauce oder einfach nur zerlassener Butter sind sie ein Genuss.

1/2 Rezept frischer Nudelteig mit Ei (siehe Seite 8)
Mehl zum Bestäuben
2 l Rindfleischbrühe (siehe Seite 31)
Frisch geriebener Parmesan zum Servieren
Basilikumblätter zum Garnieren

FÜR DIE FÜLLUNG
250 g Ricotta
85 g Taleggio-Käse, entrindet und sehr fein gewürfelt
4 EL frisch geriebener Parmesan
1 kleines Ei
Frisch geriebene Muskatnuss
Meersalz und frisch gemahlener schwarzer Pfeffer

FÜR DIE HACKFLEISCHSAUCE
25 g Butter, 1 EL Olivenöl
1 Zwiebel, abgezogen und fein gehackt
2 Möhren, fein gehackt
2 Stangen Bleichsellerie, fein gehackt
2 Knoblauchzehen, fein gehackt
120 g Pancetta (italienischer Bauchspeck) oder durchwachsener Frühstücksspeck, fein gewürfelt
250 g mageres Hackfleisch vom Schwein
250 g mageres Hackfleisch vom Rind
125 ml trockener Weißwein
2 Dosen (jeweils etwa 400 g) italienische Eiertomaten, gehackt
450–750 ml Rindfleischbrühe
100 ml Sahne

1 Für die Füllung die drei Käsesorten in einer Schüssel mit der Gabel zerdrücken und vermengen. Das Ei mit Muskatnuss sowie Salz und Pfeffer nach Belieben gründlich untermengen.

2 Ein Viertel des Teigs mit der Nudelmaschine zu einem 90–100 Zentimeter langen Streifen ausrollen, diesen mit einem scharfen Messer quer halbieren. Aus dem ersten Teigblatt mit einem Teigrädchen oder einem passenden Ausstecher sechs bis sieben Quadrate von 6–7,5 Zentimeter Kantenlänge ausschneiden. In die Mitte jeweils einen Teelöffel Füllung setzen. Die Stücke am Rand dünn mit Wasser bepinseln und diagonal zu einem Dreieck falten. Sorgfältig die Ränder, anschließend die beiden spitzen Enden zusammendrücken. Zuletzt den oberen Zipfel behutsam nach außen umknicken (der Teig lässt sich besser biegen, wenn Sie ihn oberhalb der Füllung leicht zusammendrücken). Die Cappellacci nebeneinander auf bemehlte Küchentücher legen, fein mit Mehl bestäuben und trocknen lassen, bis alle – also insgesamt zwischen 48 und 56 Stück – fertig sind.

3 Für die Hackfleischsauce die Butter mit dem Öl in einen großen Topf geben und zerlassen. Sobald sie leise zischt, das Gemüse mit dem Knoblauch und dem Speck zufügen und bei mittlerer Temperatur unter häufigem Rühren garen, bis es nach etwa 10 Minuten weich wird. Das gesamte Hackfleisch dazugeben und bei niedriger Temperatur 10 Minuten sanft braten, dabei häufig mit einem Holzlöffel rühren und etwaige Klumpen zerkrümeln. Salzen und pfeffern, den Wein einrühren und 5 Minuten köchelnd verdampfen lassen.

4 Die Tomaten und 250 Milliliter Brühe zufügen. Zum Kochen bringen, gründlich umrühren und die Sauce dann bei verminderter Temperatur und schräg aufgelegtem Deckel 2 Stunden sanft vor sich hin köcheln lassen. Dabei gelegentlich rühren und nach Bedarf weitere Brühe zugießen.

5 Die Sahne gründlich in die Sauce einrühren und diese unter häufigem Rühren noch 30 Minuten köcheln lassen.

6 Die Brühe, in der die Pasta gekocht wird, in einem großen Topf zum Kochen bringen. Die Cappellacci hineingleiten lassen und – nachdem die Brühe erneut sprudelt – auf kleinerer Stufe in 4–5 Minuten gar ziehen lassen. Abseihen, auf sechs bis acht vorgewärmte Schalen verteilen und die Sauce darüber schöpfen. Mit geriebenem Parmesan und Basilikumblättern bestreuen und sogleich servieren.

Rotolo Ripieno Pastarolle, gefüllt mit Spinat, Ricotta und Tomaten **Für 4 Personen**

Während eines Urlaubs in Umbrien lernte ich dieses ungewöhnliche Gericht kennen und war gleich völlig hingerissen. Es sieht nicht nur originell aus, sondern die Pasta wird unter dem Grill außerdem wundervoll knusprig. Nachdem ich das Restaurant fünf Tage in Folge besucht hatte, rückte der Küchenchef endlich mit dem Rezept heraus, das ich hier unbedingt an Sie weitergeben möchte.

1/2 Rezept frischer Nudelteig mit Ei (siehe Seite 8)
25 g Butter, zerlassen, dazu etwas mehr für die Form
50 g frisch geriebener Parmesan

FÜR DIE FÜLLUNG
4 Eiertomaten
350 g frischer Spinat
175 g Ricotta
Frisch geriebene Muskatnuss
Meersalz und frisch gemahlener schwarzer Pfeffer
50 g frisch geriebener Parmesan

1 Für die Füllung die Tomaten in einer Schüssel mit kochendem Wasser übergießen und nach etwa 40 Sekunden kalt abschrecken. Mit einem scharfen Messer häuten und das Fruchtfleisch hacken.

2 Den gewaschenen Spinat in einem Topf bei mittlerer bis hoher Temperatur etwa 5 Minuten dämpfen, bis er zusammenfällt. Abseihen und – am besten zwischen zwei gleichen Tellern – möglichst kräftig ausdrücken.

3 Spinat fein hacken. In einer Schüssel mit Tomaten und Ricotta vermengen. Mit Muskatnuss, Salz und Pfeffer würzen und den Parmesan untermischen.

4 Den Teig etwa drei Millimeter dick zu einem Rechteck ausrollen und auf ein großes Stück Mulltuch legen. Die Füllung darauf verstreichen, dabei ringsum einen drei Zentimeter breiten Rand aussparen. Das Ganze in Querrichtung wie eine Biskuitroulade aufrollen – dies geht fast von selbst, indem Sie das Tuch an einer Längskante langsam hochziehen. Die Rolle in das Tuch einschlagen und die Enden mit Küchengarn umbinden, so dass das Gebilde aussieht wie ein Riesenbonbon.

5 Das Tuch mit der Rolle in eine lange, schmale, hitzebeständige Kasserolle legen (auch ein Bräter ist geeignet) und mit leicht gesalzenem kaltem Wasser bedecken. Einmal aufkochen und dann 30 Minuten köcheln lassen. Herausnehmen, 5 Minuten abkühlen lassen und inzwischen den Grill vorheizen.

6 Das Tuch abnehmen und die Rolle in etwa zwei Zentimeter dicke Scheiben schneiden. Nebeneinander oder leicht überlappend in eine gebutterte ofenfeste Form legen. Mit der Butter beträufeln, mit dem Parmesan bestreuen und 5 Minuten unter dem Grill bräunen. Entweder direkt in der Form oder auf einzelnen Tellern sofort servieren. Zuvor noch etwas schwarzen Pfeffer darüber mahlen und weitere zerlassene Butter oder natives Olivenöl extra darüber träufeln.

Consiglio Empfehlung **Die Pastarolle kann im Voraus hergestellt werden, denn im Kühlschrank hält sie sich 2 Tage. Auf Raumtemperatur erwärmen, in Scheiben schneiden und grillen. Teigreste können Sie als Boden für eine Quiche verwenden.**

Garganelli con Asparagi e Panna Garganelli mit grünem Spargel und Sahne **Für 4 Personen**

Garganellli sind eine Spezialität der Emilia Romagna. Die abgeschrägten und quer gerillten Röhren entstehen aus kleinen Teigquadraten, die über Eck über ein Holzstäbchen gerollt werden.

250–350 g zarter grüner Spargel
Meersalz und frisch gemahlener schwarzer Pfeffer
350 g getrocknete Garganelli (siehe oben)
200 ml Sahne
25 g Butter
2 EL trockener Weißwein
85–115 g frisch geriebener Parmesan
2 EL gehackte, gemischte frische Kräuter, wie Basilikum, glatte Petersilie, Majoran und Oregano

1 Den Spargel – soweit erforderlich – schälen (netto benötigen Sie etwa 200 Gramm). Die Stangen schräg in Stücke schneiden, die etwa genauso lang sein sollen wie die Garganelli.

2 Die Spargelabschnitte – zunächst ohne die Köpfe – in sprudelndes Salzwasser geben und 2 Minuten garen, dabei nach 1 Minute die Köpfe zufügen. Den Spargel abseihen, kalt abbrausen und beiseite legen.

3 Die Pasta in einem großen Topf mit sprudelndem Salzwasser *al dente* kochen. Sie soll richtig gar, aber noch bissfest sein.

4 Die Sahne mit der Butter, Salz und Pfeffer nach Geschmack in einem mittleren Topf aufkochen und anschließend einige Minuten köcheln lassen, bis sie leicht eindickt. Spargel, Wein und etwa die Hälfte des Parmesans einrühren. Die Sauce abschmecken und bei geringer Temperatur warm halten.

5 Die Pasta abseihen. In einer vorgewärmten Schüssel mit der Sauce und den Kräutern gründlich vermischen. Mit dem restlichen Parmesan bestreuen und servieren.

Tagliatelle con Radicchio e Panna Tagliatelle mit Radicchio und Sahne **Für 4 Personen**

Nehmen Sie möglichst den langen, schlanken Radicchio di Treviso, der kräftiger schmeckt als die runden Köpfe.

250 g Tagliatelle
Meersalz und schwarzer Pfeffer
85 g Pancetta, gewürfelt
25 g Butter
1 Zwiebel, abgezogen, fein gehackt
115–175 g Radicchio, in feine Streifen geschnitten
1 Knoblauchzehe, abgezogen, gehackt
150 g Sahne
50 g frisch geriebener Parmesan
1 Hand voll glatte Petersilie, gehackt

1 Die Pasta in sprudelndem Salzwasser *al dente* – also bissfest – kochen.

2 Inzwischen den Speck in einer Pfanne erst auf kleiner Stufe auslassen und dann bei stärkerer Hitze 5 Minuten pfannenrühren. Die Butter, die Zwiebel und den Radicchio zufügen und weitere 4 Minuten rühren. Den Knoblauch untermischen und alles unter häufigem Rühren noch 1 Minute braten, bis die Zwiebel etwas Farbe annimmt. Die Sahne und den Parmesan sowie Salz und Pfeffer nach Geschmack dazugeben und 1–2 Minuten rühren, bis die Sauce Blasen wirft. Nochmals abschmecken.

3 Die Pasta abseihen. Mit der Sauce und der Petersilie vermengen.

Cannelloni allo Zafferano Cannelloni mit Safransauce

Für 2 Personen

Für ein Essen mit Gästen ist dieses norditalienische Gericht ideal, denn es kann im Voraus vorbereitet werden. Die delikate Käse-Artischocken-Füllung und die raffinierte Safransauce sind einfach eine Wucht.

4 frische Lasagneblätter (etwa 16 x 12,5 cm)
Meersalz und frisch gemahlener schwarzer Pfeffer

FÜR DIE FÜLLUNG
2 EL Olivenöl
1 kleine Zwiebel, abgezogen und gehackt
4 eingelegte Artischockenherzen, abgetropft, abgespült und gehackt
50 g Mozzarella, gehackt
120 g Ricotta
50 g Gorgonzola mit Mascarpone *(dolcelatte)*
1 TL fein gehackter frischer Rosmarin

FÜR DIE SAUCE
15 g Butter
1/2 Knoblauchzehe, abgezogen und zerdrückt
1 kräftige Prise Safranfäden
1 EL Weißwein
125 g Mascarpone
Meersalz und frisch gemahlener schwarzer Pfeffer

1 Den Backofen auf 180 °C vorheizen. Die Teigblätter in einen großen Topf mit kochendem Salzwasser gleiten lassen und – nachdem es erneut sprudelt – 1–2 Minuten kochen. Mit einer Schaumkelle herausnehmen und kalt abbrausen.

2 Für die Füllung das Öl in einem Topf erhitzen und die Zwiebel glasig dünsten. Die Artischocken zufügen und weitere 5 Minuten dünsten. Mozzarella, Ricotta, Gorgonzola und Rosmarin dazugeben. Alles kräftig salzen, pfeffern und gründlich vermengen.

3 Für die Sauce die Butter in einem Topf zerlassen und den Knoblauch mit dem Safran darin sanft erwärmen. Den Wein und den Mascarpone sowie Salz und Pfeffer nach Belieben zufügen und das Ganze 5 Minuten köcheln lassen.

4 Die Füllung in die Mitte der Teigblätter geben und entlang der kürzeren Mittellinie verteilen. Die Teigstücke an den Schmalseiten mit Wasser befeuchten und aufrollen. Die Cannelloni nebeneinander in eine gefettete, ofenfeste Form legen, mit der Sauce überziehen und mit Alufolie abdecken.

5 Für 20 Minuten in den vorgeheizten Ofen schieben und gleich servieren.

Consiglio Empfehlung

Besonders intensiv schmeckt die Sauce, wenn man sie bereits am Vortag zubereitet, so dass sich die Aromen richtig entfalten können.

Variante

Einen eleganten Anstrich verleiht die Safransauce auch den Cappellacci mit Käsefüllung und Hackfleischsauce (siehe Seite 134) sowie den Cannelloni mit Dicken Bohnen und Ricotta (siehe Seite 114).

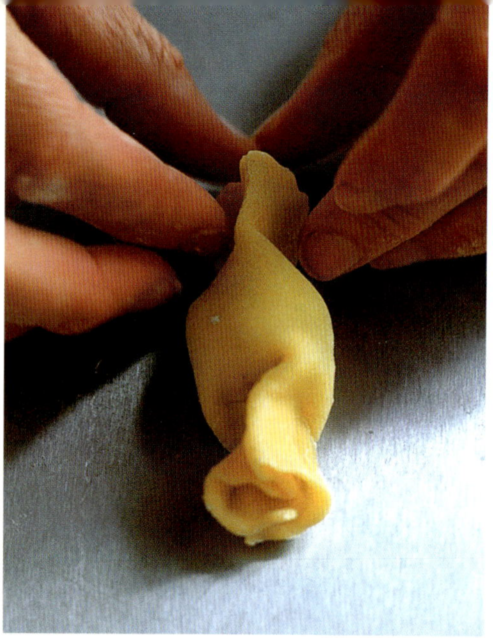

Bonbons con Funghi di Bosco e Ricotta „Bonbons" mit Wildpilzen und Ricotta

Für 6 Personen als Vorspeise, für 4 Personen als Hauptgericht

Am besten gelingt diese Spezialität, die auch „Caramelle" genannt wird, mit dünn ausgerolltem Teig (nach dem Rezept auf Seite 8) aus je 200 Gramm Mehl und Hartweizengrieß sowie vier Eiern.

Frischer Nudelteig mit Ei (siehe oben), zu 6 Teigblättern ausgerollt
1 Ei, leicht verquirlt

FÜR DIE FÜLLUNG
200 g Wildpilze, fein gehackt
150 g Champignons, fein gehackt
1/2 Zwiebel, abgezogen, gerieben
150 g Ricotta
2 EL frisch geriebener Parmesan
1/2 TL fein gehackter Salbei
1/2 TL fein gehackter Oregano
1/2 TL fein gehackte Petersilie
1 Prise geriebene Muskatnuss
Frisch gemahlener schwarzer Pfeffer

ZUM SERVIEREN
Sahne, leicht erwärmt, oder zerlassene Butter
Frisch geriebener Parmesan

1 Teigblätter jeweils in Rechtecke von etwa 7,5 x 5 Zentimeter Größe schneiden. Schmalseiten der Stücke mit einem gewellten Teigrädchen zacken.

2 Die Zutaten für die Füllung gründlich vermengen. In die Mitte jedes Teigstücks einen Teelöffel Füllung setzen. Bei jedem Teigstück eine Längskante mit verquirltem Ei bestreichen. Die Stücke, an der gegenüberliegenden Längskante beginnend, aufrollen und dabei möglichst keine Luft mit einschließen. Die mit Ei bestrichene Kante andrücken und zuletzt die beiden Enden wie bei einem Bonbon zusammendrücken und -drehen.

3 Die Bonbons portionsweise in einen großen Topf mit kochendem Salzwasser geben und – nachdem es erneut sprudelt – bei verminderter Temperatur 4–5 Minuten kochen, bis sie eben gar sind. Mit einer Schaumkelle herausnehmen und in eine vorgewärmte, flache Servierschüssel füllen.

4 Mit Sahne oder Butter übergießen und behutsam durchmischen. Frisch geriebenen Parmesan darüber streuen und die Caramelle sofort servieren.

Variante

Auch mit einer Kräuter-Käse-Füllung oder einer Mischung aus Spinat und Ricotta (siehe Seite 116 und 137) schmecken die Pastabonbons exquisit.

Ravioli al Granchio Ravioli mit Krabbenfüllung **Für 4 Personen**

Ein elegantes Abendessen, schnörkellos und in jeder Hinsicht perfekt abgerundet. Die besten Krabben Italiens bekommt man fraglos in Venedig, wo ich diese Delikatesse kennen lernte.

1/2 Rezept frischer Nudelteig mit Ei (siehe Seite 8)
Mehl zum Bestäuben
90 g Butter
Saft von 1 Zitrone

FÜR DIE FÜLLUNG
175 g Mascarpone
175 g Krabbenfleisch
1 Hand voll glatte Petersilie, fein gehackt
Fein abgeriebene Schale von 1 unbehandelten Zitrone
Meersalz und frisch gemahlener schwarzer Pfeffer
2 EL gehackte, glatte Petersilie zum Garnieren

1 Für die Füllung den Mascarpone in einer Schüssel mit einer Gabel glatt rühren. Krabbenfleisch, Petersilie, Zitronenschale, Salz sowie Pfeffer nach Geschmack zufügen und alles gründlich vermischen.

2 Ein Viertel des Teigs mit der Nudelmaschine zu einem 90–100 Zentimeter langen Streifen ausrollen und diesen mit einem Messer quer halbieren. Aus dem ersten Teigblatt mit einem sechs Zentimeter großen runden Plätzchenausstecher acht Kreise ausstechen.

3 Auf die Hälfte der Kreise in die Mitte jeweils einen Teelöffel der Füllung setzen und die Teigränder dünn mit Wasser bepinseln. Jeweils eine Teigscheibe darüber legen und die Kanten zusammendrücken. Besonders hübsch sehen die Ravioli aus, wenn Sie die Ränder zuletzt mit den Zinken einer Gabel zusammendrücken.

4 Die fertigen Ravioli nebeneinander auf ein bemehltes Tablett legen, mit Mehl bestäuben und trocknen lassen, bis der Rest des Teigs und der Füllung verarbeitet ist. Insgesamt erhalten Sie etwa 32 Stück.

5 Die Ravioli in einen Topf mit kochendem Salzwasser gleiten lassen und – nachdem es erneut sprudelt – bei reduzierter Temperatur in 4–5 Minuten gar ziehen lassen. Sie sind fertig, sobald sie *al dente* sind.

6 Die Butter mit dem Zitronensaft in einem Topf zerlassen. Die Ravioli abseihen und auf vier vorgewärmte Schalen verteilen. Mit der Zitronenbutter beträufeln, mit Petersilie bestreuen und heiß servieren.

Consiglio Empfehlung **Sie können nach Belieben helles oder dunkles Krabbenfleisch verwenden oder auch beides mischen. Je dunkler das Fleisch, desto kräftiger ist es im Geschmack.**

Hummer In einem großen Topf reichlich stark gesalzenes Wasser mit zwei Lorbeerblättern erhitzen, bis es lebhaft sprudelt. Einen lebenden Hummer, der vorher zum Betäuben 1 Stunde im Gefrierschrank lag, in das kochende Wasser geben (das ist die „humanste" Methode!) und 15 Minuten garen. Herausnehmen, abkühlen lassen und aufbrechen. Das gesamte Fleisch – auch das der Scheren – auslösen und anstelle des Krabbenfleisches verwenden.
Was Sie nicht benötigen, können Sie gut in einem Salat verwerten.

Spinat und Ricotta In einem Topf 450 Gramm jungen Spinat einige Minuten dämpfen, bis er zusammenfällt. Am besten zwischen zwei gleichen Tellern möglichst kräftig ausdrücken und grob hacken. Mit 125 Gramm Ricotta, etwas Salz und Pfeffer, eventuell auch einigen Spritzern Zitronensaft und ein wenig frisch geriebener Muskatnuss vermengen.

Walnüsse, Ricotta und Basilikum 200 Gramm enthäutete Walnusskerne und eine große Hand voll Basilikumblätter hacken. Anschließend 125 Gramm Ricotta, die fein abgeriebene Schale von einer unbehandelten Zitrone, zwei fein gehackte Knoblauchzehen sowie Salz und Pfeffer nach Geschmack untermischen.

Kürbis, Ricotta und Salbei 450 Gramm geschältes und gehacktes Kürbisfruchtfleisch gar kochen und fein zerdrücken. Mit 125 Gramm Ricotta, einer Hand voll gehacktem frischem Salbei, 85 Gramm geriebenem Parmesan, Salz und reichlich Pfeffer vermengen.

Tagliatelle con Capesanti Tagliatelle mit flambierten Jakobsmuscheln

Für 4 Personen

Meersalz und frisch gemahlener schwarzer Pfeffer
200 g ausgelöste Jakobsmuscheln, jeweils quer halbiert
2 EL Weizenmehl
45 g Butter
1 kleine Zwiebel, abgezogen und fein gehackt
1 kleine frische rote Chilischote, Samen entfernt, sehr fein gehackt
2 EL fein gehackte glatte Petersilie
4 EL Weinbrand
7 EL Fischbrühe
350 g Tagliatelle

1 In einem großen Topf reichlich gesalzenes Wasser aufkochen.

2 Die Jakobsmuscheln im Mehl wenden, überschüssiges Mehl abklopfen. Die Butter in einem Topf zerlassen. Die Zwiebel mit der Chili und der Hälfte der Petersilie auf mittlerer Stufe unter häufigem Rühren 1–2 Minuten anbraten. Die Muscheln zufügen und 1–2 Minuten im heißen Fett schwenken.

3 Die Muscheln mit dem Weinbrand übergießen und diesen sogleich (bitte mit gebührendem Abstand!) mit einem Streichholz entzünden. Sobald die Flammen erloschen sind, die Fischbrühe einrühren. Das Ganze salzen und pfeffern, gründlich durchmischen und 2–3 Minuten köcheln lassen, anschließend einen Deckel auflegen und den Topf vom Herd nehmen.

4 Die Pasta ins sprudelnde Wasser geben und *al dente* kochen.

5 Pasta abseihen, zu den Muscheln geben und bei mittlerer Temperatur mit der Sauce vermischen. Mit restlicher Petersilie bestreuen und servieren.

Consiglio Empfehlung **Weitaus besser als tiefgefrorene Ware, die immer etwas wässrig schmeckt, sind frische Jakobsmuscheln, die mitsamt dem Corail angeboten werden. Dabei sind wiederum von Tauchern gefischte Muscheln jenen vorzuziehen, die mit dem Schleppnetz aus dem Meer geholt wurden und daher schadhafte oder zumindest zerschrammte Schalen aufweisen.**

Chiaroscuro Schwarze Pasta mit Jakobsmuscheln **Für 4 Personen**

Der italienische Begriff *chiaroscuro* steht für ein Mittel der Bildgestaltung, das stark auf Kontraste von Hell und Dunkel setzt. Feine italienische Restaurants betreiben Schwarzweißmalerei auf ihre Art. Ich habe mich bei diesem Rezept entschieden, kleine Jakobsmuscheln zu verwenden, die dem Gericht eine besonders erlesene Note geben.

350 g frische oder getrocknete schwarze Pasta (mit Sepia-Tinte hergestellt, siehe Seite 12)
Meersalz und frisch gemahlener schwarzer Pfeffer
4 EL Ricotta (möglichst frisch)
4 EL natives Olivenöl extra
Etwa 20 kleine Jakobsmuscheln, ausgelöst
1 kleine frische rote Chilischote, Samen entfernt, fein gehackt
1 kleine Hand voll frische Basilikumblätter

1 Die Pasta in einem großen Topf mit sprudelndem Salzwasser *al dente* kochen, das heißt, sie soll gar, aber noch schön bissfest sein.

2 Inzwischen den Ricotta in einer Schüssel mit Salz und Pfeffer sowie etwas von dem Nudelkochwasser zu einer glatten Creme verrühren. Nach Belieben nochmals mit Salz und Pfeffer abschmecken.

3 Einen Teil des Öls in einer großen Pfanne kräftig erhitzen. Die Muscheln von beiden Seiten 1 Minute (aber keinesfalls länger) rasch anbraten. Mit Salz und Pfeffer würzen, vom Herd nehmen und warm stellen.

4 Die Pasta abseihen und den Topf sauber ausspülen. Das restliche Öl darin sanft erwärmen. Die Pasta mit der Chili sowie Salz und Pfeffer nach Geschmack bei hoher Temperatur rasch durchmengen.

5 Pasta in vier vorgewärmten Schalen anrichten. Darauf erst die Ricottacreme, anschließend die Jakobsmuscheln und zuletzt die Basilikumblätter verteilen. Sogleich servieren.

Garganelli con Salmone e Gamberi Garganelli mit Lachs und Garnelen

Für 4 Personen

350 g Lachsfilet
200 ml trockener Weißwein
Einige Basilikumblätter, dazu etwas mehr zum Garnieren
Meersalz und frisch gemahlener schwarzer Pfeffer
150 ml Sahne
6 reife Eiertomaten, blanchiert, gehäutet und fein gehackt
350 g Garganelli (siehe Seite 138)
120 g geschälte gekochte Garnelen

1 Das Lachsfilet mit der Haut nach oben in einen weiten, flachen Topf legen. Mit dem Wein übergießen, den Basilikumblättern bestreuen, salzen und pfeffern. Einmal aufkochen und dann zugedeckt höchstens 5 Minuten sanft köcheln lassen. Das Lachsfilet mit einem Fischvorlegemesser aus dem Topf nehmen und etwas abkühlen lassen.

2 Die Sahne und die Tomaten zum Fond geben. Zum Kochen bringen, gründlich durchmischen und dann bei reduzierter Temperatur ohne Deckel 10–15 Minuten köcheln lassen, bis sich eine leicht sämige Sauce ergibt.

3 Inzwischen die Pasta in einem großen Topf mit sprudelndem Salzwasser *al dente* kochen, so dass sie noch bissfest ist.

4 Das etwas abgekühlte Lachsfilet sorgfältig enthäuten und entgräten, anschließend in größere Stücke zerpflücken. Zusammen mit den Garnelen zur Sauce geben und darin schwenken, bis sie gleichmäßig überzogen sind. Mit Salz und Pfeffer abschmecken.

5 Die Pasta abseihen und in eine vorgewärmte Servierschüssel füllen. Die Sauce dazugießen und alles gründlich vermischen. Mit frischen Basilikumblättern garnieren und sofort servieren.

Variante

Anstelle von Lachs können Sie ebenso einen anderen Fisch mit festem weißem Fleisch, wie Kabeljau oder Schellfisch, verwenden oder etwa Hummerfleisch verwerten, das bei der Zubereitung des Rezepts auf Seite 144 übrig geblieben ist. Auch mit Sägebarsch habe ich schon exzellente Ergebnisse erzielt.

Tagliolini Neri con Vongole e Cozze Schwarze Tagliolini mit Muscheln

Für 6 Personen als Vorspeise, für 4 Personen als Hauptgericht

Auf weißem Geschirr serviert, wird dieses Gericht bei Ihren Gästen bestimmt Furore machen.

450 g frische Miesmuscheln
450 g frische Venusmuscheln
4 EL Olivenöl
1 kleine Zwiebel, abgezogen und fein gehackt
2 Knoblauchzehen, abgezogen und fein gehackt
1 Bund glatte Petersilie, dazu etwas mehr zum Garnieren
Meersalz und frisch gemahlener schwarzer Pfeffer
175 ml trockener Weißwein
250 ml Fischbrühe
1 kleine frische rote Chilischote, Samen entfernt, gehackt
350 g schwarze (mit Sepia-Tinte hergestellte) Tagliolini oder Tagliarini (siehe Seite 12 und 133)

1 Sämtliche Muscheln unter fließendem kaltem Wasser gründlich abbürsten. Offensichtlich schadhafte Exemplare und auch solche, die geöffnet sind und sich nicht schließen, wenn man sie energisch auf die Arbeitsfläche klopft, unbedingt aussortieren!

2 Die Hälfte des Öls in einem großen Topf erhitzen und die Zwiebel in etwa 5 Minuten bei niedriger Temperatur weich dünsten. Den Knoblauch und die Hälfte der Petersilienstängel zufügen, salzen und pfeffern. Alle Muscheln in den Topf geben, den Wein zugießen und im verschlossenen Topf bei hoher Temperatur zum Kochen bringen. Die Muscheln etwa 5 Minuten garen, bis sie sich geöffnet haben, dabei häufig den Topf rütteln.

3 Den Topfinhalt in ein feines Sieb geben, das in eine Schüssel eingehängt ist, und abtropfen lassen. Die Petersilie sowie noch geschlossene Muscheln wegwerfen. Den Fond in den inzwischen gesäuberten Topf zurückgießen und die Fischbrühe zufügen. Die restliche Petersilie fein hacken und mit der gehackten Chili in die Flüssigkeit einrühren. Einmal aufkochen und dann bei reduzierter Temperatur unter häufigem Rühren in einigen Minuten etwas einkochen lassen. Vom Herd nehmen.

4 Etwa von der Hälfte aller Muscheln die obere Schalenhälfte entfernen und wegwerfen, den dabei austretenden Saft auffangen. Sämtliche Muscheln sowie den Saft in den Topf füllen, mit Salz und Pfeffer würzen und gut zugedeckt beiseite stellen.

5 Die Pasta in sprudelndem Salzwasser kochen, bis sie eben *al dente* ist – also nicht mehr zu hart, aber noch bissfest.

6 Abseihen, gründlich abtropfen lassen, zurück in den Topf füllen und das restliche Öl unterziehen. Den Topf mit den Muscheln bei hoher Temperatur aufsetzen, gut durchmischen und rasch aufwärmen.

7 Die Pasta auf vier bis sechs vorgewärmte Teller verteilen. Die Muscheln mit der Sauce darauf anrichten, das Ganze mit weiterer Petersilie bestreuen und sofort servieren.

Strangozzi ai Fiori di Zucca con Pollo Strangozzi mit Zucchiniblüten und Huhn

Für 4 Personen

Bei Strangozzi handelt es sich um eine etwas kleinere Form der Strozzapreti oder „Priesterwürger". Sie bekommen diese spezielle, kurze und leicht gedrehte Pastaform – oder zumindest die sehr ähnlichen Gemelli – in gut sortierten italienischen Delikatessengeschäften.

2 enthäutete Hühnerbrüste (insgesamt etwa 350 g)
Meersalz und frisch gemahlener schwarzer Pfeffer
2 EL Olivenöl
50 g Butter
1 kleine Zwiebel, abgezogen und in feine Scheiben geschnitten
200 g kleine Zucchini, in feine Stifte geschnitten
1 Knoblauchzehe, abgezogen und zerdrückt
2 TL fein gehackter Majoran
350 g getrocknete Strangozzi (siehe oben)
1 große Hand voll Zucchiniblüten, gewaschen und trockengetupft
Fein gehobelter Parmesan zum Garnieren

1 Die Hühnerbrüste mit Salz und Pfeffer würzen und bei mittlerer Temperatur 15 Minuten grillen, bis sie goldbraun sind, dabei einmal wenden. Das Fleisch in gleichmäßige Stücke schneiden und beiseite legen.

2 Das Öl mit der Hälfte der Butter in einem mittleren Topf erhitzen. Die Zwiebel bei niedriger Temperatur in etwa 5 Minuten unter häufigem Rühren glasig dünsten. Die Zucchini untermischen, mit dem Knoblauch und dem Majoran bestreuen, salzen und pfeffern. Das Fleisch zufügen und alles 8 Minuten braten, bis die Zucchini etwas Farbe angenommen haben.

3 Gleichzeitig die Pasta in einem großen Topf mit sprudelndem Salzwasser *al dente* kochen – sie soll gar, aber noch bissfest sein.

4 Einige ganze Zucchiniblüten zum Garnieren beiseite legen, die übrigen in grobe Streifen schneiden und unter die Zucchini mischen. Das Ganze mit Salz und Pfeffer abschmecken.

5 Die Pasta abseihen und in eine große, vorgewärmte Schüssel füllen. Erst das restliche Öl und anschließend die Zucchinimischung unterziehen. Vor dem Servieren noch mit Parmesanspänen und den ganzen Zucchiniblüten garnieren.

Vincisgrassi Aperto Pastaauflauf mit Steinpilzen und Parmaschinken

Für 4–6 Personen

Das Prinzip dieses Gerichts aus den Marken ist dem der Lasagne sehr ähnlich, nur besteht die Füllung bei der traditionellen Version aus Hirn, Bries und Hühnerlebern. Der Name erinnert angeblich an den österreichischen Feldmarschall Windischgraetz, für den diese Spezialität einst kreiert wurde.

1/2 Rezept frischer Nudelteig mit Ei (siehe Seite 8)
Meersalz und frisch gemahlener schwarzer Pfeffer
400 g frische Steinpilze, in Scheiben geschnitten
4 EL natives Olivenöl extra
200 g Parmaschinken, in feine Streifen geschnitten
200 ml Sahne
3 EL frisch gehackte glatte Petersilie
150 g frisch geriebener Parmesan
Trüffelöl oder – besser noch – etwas fein gehobelte weiße Trüffel

FÜR DIE BÉCHAMELSAUCE
150 g Butter
50 g Weizenmehl (möglichst das italienische Tipo 00)
1,2 l Milch, kräftig erhitzt

1 Den Teig wie für Lasagne durch die Nudelmaschine drehen und die Teigblätter in 12,5 Zentimeter große Vierecke schneiden. Portionsweise in Salzwasser *al dente* kochen, danach auf Küchentüchern abtropfen lassen.

2 Für die Béchamelsauce 50 Gramm Butter zerlassen. Das Mehl gründlich einrühren und kurz anschwitzen, dann nach und nach die heiße Milch zugießen und mit einem Schneebesen weiter energisch rühren.

3 Die Steinpilze im Öl dünsten, bis sie weich sind, und zur Béchamelsauce geben. Schinken, Sahne und Petersilie ebenfalls untermischen. Die Sauce mit Salz und Pfeffer abschmecken, einmal aufkochen lassen und vom Herd nehmen.

4 Backofen auf 220 °C vorheizen. Eine Gratinform (oder Portionsformen) mit Butter ausstreichen. Darauf eine Lage Pasta breiten, mit Béchamelsauce überziehen, mit Butterflöckchen besetzen und mit Parmesan bestreuen. Die restlichen Zutaten wie zuvor einfüllen, mit einer Schicht Pasta beginnen und mit Parmesan enden. Das Gericht für 20 Minuten in den Ofen schieben, bis die Sauce blubbert, eventuell unter dem Grill kurz bräunen.

5 Mit etwas Trüffelöl beträufeln oder – noch köstlicher – mit einigen Trüffelspänen garnieren und zuletzt fein mit Parmesan bestreuen.

Pastiera Napoletana Ricotta-Tarte aus Amalfi

Für 10 Personen

Wenigstens eine Süßspeise sollte in diesem Buch doch nicht fehlen. Von dem Originalrezept für die berühmte, üppige Tarte, die im Kapuzinerkloster von Amalfi (nahe Neapel) erfunden wurde, kursieren zahlreiche Versionen. In jedem Fall schmeckt sie meines Erachtens am zweiten Tag besser als am ersten.

FÜR DEN TEIG
225 g Butter
175 g extrafeiner Zucker
4 Eigelbe
450 g herkömmliches Weizenmehl oder das italienische Tipo 00, dazu etwas mehr zum Bestäuben

FÜR DIE FÜLLUNG
450 g Ricotta
120 g extrafeiner Zucker
1 TL gemahlener Zimt
Abgeriebene Schale und Saft von 1 unbehandelten Zitrone
4 EL Orangenblütenwasser
120 g Orangeat oder Zitronat (auch gemischt)
1 Ei (möglichst aus Freilandhaltung), getrennt
550 ml Milch
175 g Vermicelli
1 kräftige Prise Salz
Puderzucker zum Bestäuben

1 Für den Teig die Butter mit dem Zucker in einer Schüssel cremig rühren und die Eigelbe unterziehen. In kleinen Mengen das Mehl gründlich untermischen, so dass ein geschmeidiger Teig entsteht. In Pergamentpapier einschlagen und für 30 Minuten in den Kühlschrank legen.

2 Für die Füllung den Ricotta, den Zucker (bis auf zwei Esslöffel), den Zimt, die Hälfte der Zitronenschale, den Zitronensaft, das Orangenblütenwasser, das Orangeat oder Zitronat und das Eigelb in eine Schüssel geben. Alles gründlich vermischen.

3 Die Milch in einem kleineren Topf zum Kochen bringen. Die Vermicelli mit dem Rest des Zuckers und der Zitronenschale sowie dem Salz hineingeben. Sanft köcheln lassen, bis die Nudeln die Milch beinahe vollständig aufgenommen haben.

4 Die noch warmen Nudeln vorsichtig unter die Ricotta-Masse mischen. Das Eiweiß mit einem Schneebesen oder einem Handrührgerät schlagen, bis es weiche Spitzen bildet, und unter die Füllung ziehen.

5 Den Backofen auf 190 °C vorheizen. Den Teig auf der leicht bemehlten Arbeitsfläche ausrollen. Mit zwei Dritteln des Teigs eine 28 Zentimeter große Tortenform oder eine Tarteform auskleiden – er ist sehr mürbe und reißt entsprechend schnell, was sich aber ganz leicht wieder beheben lässt.

6 Die Ricotta-Masse einfüllen. Den restlichen Teig in fünf Millimeter breite Streifen schneiden und diese gitterförmig über die Füllung legen.

7 Die Tarte im vorgeheizten Ofen 40–50 Minuten backen, bis sie goldbraun ist. Warm oder kalt servieren und zuvor mit Puderzucker besieben.

Register

Danksagung

Ich danke dem überragenden Team, das an diesem Buch mitgewirkt hat.
An erster Stelle **Jane O'Shea,** der ich den Auftrag verdanke und die mich immer wieder ebenso begeisterte wie freundlich ermunterte.
Lewis Esson als außerordentlichem und überaus professionellem Lektor mit viel Weitsicht und großer Liebe zum Essen.
Mary Evans, die als Artdirector mit ihrem Engagement und unbestechlichen Blick entscheidende Impulse lieferte. Danke für die Unterstützung bei diesem Projekt.
Pippa Cuthbert, meiner Freundin und Assistentin beim Food-Styling. Ich danke dir für deine Gelassenheit und dafür, dass dir auch dann das Lächeln nicht verging, wenn du zum x-ten Mal einkaufen gehen musstest. Du hast eine glänzende Karriere vor dir.
Linda Tubby als fabelhafter Food-Stylistin.
Kate O'Donnel, meiner Freundin, die sich beim Abtippen mit viel Humor, Professionalität und Eifer durch mein Gekritzel kämpfte.
Peter Cassidy, dem Fotografen, mit dem die Arbeit einfach Spaß machte. Er ist der absolut Beste und bringt wirklich Herausragendes zustande.
Kate Whitaker, die ohne viel Aufhebens äußerst effizient arbeitete und uns dabei unsere Wünsche von den Augen ablas.

Books for Cooks danke ich für ihre Freundschaft, Unterstützung, Beratung und ordentliche Arbeit. Ein herzliches Dankeschön geht auch an **Rosie und Eric.** Ich bin so gern bei eurem Team dabei!

Food-Styling **Ursula Ferrigno, assistiert von Pippa Cuthbert bzw. auf den Seiten 28, 52, 75, 80, 100, 125, 128, 135, 146, 150 und 155 von Linda Tubby.**
Fotograf **Peter Cassidy,** assistiert von **Kate Whitaker**
Stylistin **Roísín Neild**